行意合一
让运动更快乐
——全民健身核心课

吴彬　丛远新　吕韶钧　编著

中国轻工业出版社

关于作者

本书由吴彬老师指导，本人执笔完成，吕韶钧老师给予了指点和审读。

人类历史上年代最悠久流长、发展过程最波澜壮阔、品种最绚丽多彩且有大量史料可佐证研究的运动项目大概就是中国的武术了，而中国武术能有今天的影响力很大程度上取决于两个因素：功夫电影的风靡；有一批武术教练常年在国内外开馆授徒，传播武术。

前者以李小龙、李连杰、成龙、甄子丹、吴京等为代表，后者则以吴彬老师为首。而李连杰、甄子丹、吴京又都是吴彬老师的弟子。在武术走向世界的过程中，吴彬老师可以说是居功至伟。

吴彬老师在八十大寿庆祝活动中，送给李连杰、吴京等参与庆祝的学生以及各界朋友们每人一把专门定制的宝剑，宝剑上刻有“精气神”三个字。吴彬老师说，即使他百年以后不在了，宝剑也不会生锈，武术的“精气神”仍会存在，并要继续发扬光大下去。

练了一辈子武术的吴彬老师特别推崇形神合一（即本书提倡的“行意合一”），因为“神无形则不存，形无神则呆滞”。正是由于以吴彬老师为代表的老一辈武术家的重视与不懈努力，中国武术在全世界都享有盛誉。最佳幸福体验——心流理论的创始人米哈里·契克森米哈赖甚至认为，武术可视为心流的一种特殊形式。即，修习中国武术可视为幸福的代名词。

而形神合一已经被证实可以广泛延伸到武术之外的各项运动中去，从理论上讲，走、跑、跳绳等各种运动都可以像武术运动一样，变成无与伦比的享受，让人欲罢不能。可以从很大程度上解决很多人缺乏运动导致的各种不健康问题，意义非同一般。

从某种角度上来讲，本书是对吴彬老师传奇一生的书写，行意合一理论体系就是吴彬老师致力发扬光大的武术精气神的凝练。

最后向吴彬老师致以崇高的敬意，愿武术的“精气神”长存！

从远新

2020年7月10日

推荐序一

中华武术是中华文化中的一块瑰宝，源远而流长，博大而精深，是文化学中以形表态、表势、表法、表意的语言与艺术。以形而分，形而上者谓之道，是武学；形而下者谓之器，是武术。从原始格斗术发展成击舞一体、内外兼修的中华武术，是由中华文化孕育而成的。

形学，静态的有几何学，动态的有武术、舞术。武术起源于狩猎、作战、祭祀、舞蹈，在敦煌莫高窟壁画中有充分的考证分析，在《诗经》中有丰富的描绘吟诵，在东汉的《吴越春秋》中有理法深奥的越女论剑……由动物图腾、自然物图腾、神话人物图腾产生了武术的技术、拳种、门户、套路的雏形。在孕育到发展的漫长历史过程中，受德、禅、道等儒、释、道元素的浸润熏染，形成了有别于现代体育和西方体育特点的独特的武术文化空间和传承方式，但它不能等同于禅定、内丹的修身养性方式。

商周时期，“田猎”和“武舞”是军事训练的主要形式，至晋代以“口诀要术”为表征的武术则初见雏形。元代禁武使杂剧舞台架子功与武术博击秘传私授产生分野，自明以降，武术与武学更有大的发展，也得到了传统文化“天人合一”理论的滋养与规范，形成了动静相生、刚柔相济、快慢相同、内外合一的技术特色。随着历史上生产方式和作战方式的演进，武术完成了从实用性、功利性向健身性、游戏性的功能转变，其价值观也以健身为宗旨。然而，晋代荒诞无稽的长生道术、宋代主静的程朱理学使武艺对抗性的攻防技术逐渐式微。

今人对武术的了解，不少是从小说、影视中得来，但无论是南向北赵的剑仙侠客，还是梁、金肇始的新武侠流派，都不能达成武术的健身宗旨，只是徒具感官精神的悲愁喜乐。武侠功夫的重要概念——内功，是1932年还珠楼主李寿民杜撰发明出来的，不足以指导武术健身。有不少人从体育课的军体拳、太极拳、剑舞中获得武术的启蒙，但要达成通过武术训练获得强身健体与心神愉悦的融合，却既没有少林棍、武当剑的情景，又没有秦岭深谷幽兰野修的闲情逸致。这就产生了两个问题，一是采用什么样的方式方法，可以达到强身健体与心神愉悦相融合的目的，二是如何将锻炼与日常生活相结合。

丛远新先生的《行意合一让运动更快乐》一书以现代工程的观念、理工男的语言、武术精髓的思想，大道至简地回答了上述问题。

此书为运动锻炼预设的目标是健康与幸福，并为此提出了相应的锻炼策略。书中说："因此，'一个重要原则，两个基本特征'是我们普通人非常理想的运动锻炼策略。不仅提供了健康和幸福，还让健康和幸福变得特别的简单和可持续。"运动锻炼的设计是针对普通人的，因而是大众化的，其形式是日常化的，例如走路、骑行、爬楼、拖地等活动，对场景没有特殊的要求，因而是简单易行可持久的、高效的，从而确保普通人轻易达到维持健康的最佳运动量。

支撑此书的理论原理是行意合一，即动作与意识的极致和谐统一，这来源于武学的"形神合一"。本书作者之一的吴彬老前辈特别推崇形神合一，认为"神无形则不存，形无神则呆滞"。形神是中国体育哲学人体观的基本范畴，指人的形体和精神，而合一则指两者的对立统一。南北朝范缜在《神灭论》中提出："神即形也，形即神也。是以形存则神存，形谢则神灭也。"本书强调武术中"形"的运动性、实践性，化"形"为"行"，从而化"形神合一"为"行意合一"。行意合一也是中华武术的一项重要特征，是中国传统文化的精华。

书中分析了动作（"行"）应具有的整体性和连贯性，以及意识的连贯性、专注性和享受性特征，说明人在行意合一时，动作与意识将融为一体从而产生二者的同步一致和相辅相成。指出："行意合一并非源自外在的标准，而是内在的一致性。"又称："行意合一不是什么高深的理论，而是人类与生俱来的天性，只是很多人在不断地攀比、征服等过程中迷失了自己，越走越远，越发遥不可及。"

如何才能行意合一、形神融通而产生对运动锻炼的自觉与喜爱。也许，你曾有过这样的感受，当你专注于一件事情时，由于特别投入与忘情，而感到内心充满愉悦和幸福。在现代，积极心理学用科学的原则和方法来研究幸福，关注人类的健康幸福与和谐发展，其中有个核心的概念，即“心流”。行意合一的目的是引导运动者达到心流状态（最佳幸福的心理状态），使运动锻炼成为至美至善的享受，享有健康、快乐的高质量生活。从而，心流状态成为行意合一的感证——感悟体证。

心流是一种专注某行为时所表现出的高度兴奋与充实感觉的心理状态。心流这一概念，由米哈里·契克森米哈赖于20世纪70年代提出。优秀的武术流派虽然源流有序、风格独特、各成体系，但有一个共性，就是行意合一。武术形神合一、运动行意合一的境界是一种幸福心流的体验。心流的产生有三个原则：即目标清晰、即时反馈、挑战与技能匹配。提升个体的能力，使之与任务匹配，有利于进入心流状态。

中华传统武术重视个体完善，强调动作与意识的和谐统一，是适合普通人的终身健身理念。此书将各种武术流派的共性提炼出来，命名为“行意合一”，结合心流的概念提出行意合一的判断标准和达成目标，以此设计指导运动锻炼的方法，并将其介绍给大家，以此指导跑步、打球等日常运动，促成人们产生至美的心流体验，以求在一定程度上解决缺乏运动锻炼导致的健康问题。

心流与传统武术相结合，使传统武术有了新的语境。目前，行意合一引导运动产生至美的心流体验依赖少数人的感证，作为感证的实例，此书还附上了吴彬的学生，吴京、梁长兴和赵庆建等武术冠军的访谈。

相信此书对读者是有益的。

也相信行意合一最终会被全世界所接受，作为中国乃至整个东方武术的重要特征，与现代奥运理念“更高、更快、更强”成互补，共同造福全人类，这似乎也是人类追求幸福、健康的必然趋势所致，但前提是经过针对大量群体的重复论证，这就需要我们科研工作者的努力了，期待这一天的到来。

陈绥阳　西安交通大学数学与统计学院教授、博士生导师

推荐序二

我身边总有这样一些朋友，一边喊着运动有益身心，一边在每次锻炼前又想着各种借口下次再说吧。终于运动了，每次都提醒自己，跑步能减重，游泳对心脏有益……目的相当明确。可即便这样，很多人还是坚持不了几天就放弃了，自然也没有太多收获。

每当问到放弃运动的原因时，大部分人会说“没有时间”或者“实在练不动了”。实际上，放弃自己运动计划的人真正缺乏的是动力，而并非时间、体力。可以说他们的心并没有真在运动上面，而是把其当成了一种交易，既然付出了时间和体力，那就要有收获。比如减掉多少体重，瘦了多少腿围……运动变成了一种苦工，是需要得到补偿的“工作”。但是在运动方面，付出是从开始那一刻，但收益在前期并不明显，难怪运动计划的放弃率有那么高了。

依我看来，如果你想从运动中获得真正的收益，是要用心的。也就是说，运动不应该是一种“以交换工资为目的的工作”，而应该视作一种修行。在每一次的跑步、游泳、爬山、跳绳时，内心所想的应是活动本身，聚焦在动作上面，考虑的是每一次挥臂，每一个跳跃，每一次呼吸，每一个转体，慢慢让意识与动作统一，并享受这个过程，甚至欲罢不能，这样就能从根本上解决无法坚持运动的问题了。这就是所谓的“行意合一”。这样，每次运动不再是苦工，而是一件快乐的事情。运动带给人们的好处也会不知不觉的到来。这正是《行意合一让运动更快乐》这本书，作者给读者朋友们提出的核心运动理念。

做到行意合一除了可以帮助人们坚持锻炼之外，更主要的是提供了更加科学的运动方式，让运动更有效。随着你的意识聚焦在运动本身上，可以体会到身体的细微变化，比如肌肉的收缩，韧带的伸展，骨骼的受力，意识与动作高度统一，在行意合一的状态下，动作更加精准，心情更加愉快。因此，你可以做得更好，提高得更快，坚持得更久，且不容易受伤。

本书给大家提供了具体可行的方法，告诉大家如何做能够实现行意合一，怎样把这个原则运用到具体的运动中去。作者根据自身的武术、运动经验，列举了多种常见运动的行意合一实践方法，将运动变得更快乐，更享受，更健康。

杨冬　北京师范大学生命科学学院　副教授

序一

中华武术，博大精深，源远流长，是中华民族传统体育中的瑰宝，凝聚了中国传统优秀文化的精髓，是中国对人类文明发展史伟大的贡献。

中华武术系统非常宏大，就种类而言，仅现存的由国家体育总局认定的符合“源流有序、拳理明晰、风格独特、自成体系”的拳种就有129种；就时间跨度而言，有明确文献记载并流传影响至今的经典武术理论，有多种已经超过了2000年的历史，很多人终其一生只能学成很少的一部分。

虽然武术的流派很多，但由于同受中国传统文化的影响，大量优秀的武术流派之间往往又具备一定的共性，都注重修炼者内在的和谐统一，强调动作与意识的一致性和互洽性。远在美国的著名心理学家米哈里·契克森米哈赖早在几十年前就发现了这种共性，并指出，因为该共性的存在，练习武术可以产生最佳的幸福体验——心流。

本书将上述共性从武术中提炼出来，并命名为“行意合一”，介绍给大家，如能以此指导跑步、打球等各种运动，使大家更易产生至美的心流体验，从而爱上运动，可以很大程度上解决缺乏运动导致的健康问题，我则荣幸之至。

不过，由于行意合一理论形成时间较短，用以指导大众的实践活动还有更多的细化工作需要做，希望武术界同人和相关科研人员共同努力，通过现代科学手段让中华武术能更好地为人类健康做出贡献。

吴彬

序二

虽然适度运动有利身体健康已成为绝大多数人的共识，但是，不能长期坚持运动也是很多人的烦恼。

因此，作为一个运动天赋一般、反应略微迟钝的理工男，我比较关心对普通人真正行之有效的运动方案。多年来，我学习了运动生物学，又跟吴彬老师、吕韶钧老师学习探讨，总结出具备高效、享受这两个基本特征的运动方案，这样才容易长期坚持。

所谓高效，就是能让人们的全身都受到充分锻炼，从而降低患高血压、心脏病、糖尿病以及多种癌症等疾病的概率，起到延年益寿的作用。

所谓享受，是锻炼者能充分享受到运动的乐趣，为之着迷，甚至欲罢不能，这样才能长期坚持下去，快乐健身一辈子。所以本书的书名用的是“让运动更快乐”，就是希望大家在运动时是享受的、是快乐的，而不是痛苦难以坚持的。

除此以外，还要遵循一个重要原则，就是具备可重复性，这样才能确保绝大多数普通人切实受益。

可重复性原则对我们普通人来说至关重要却又很容易被忽视。什么是可重复性，举个例子，屠呦呦女士公布青蒿素可治疗痢疾的研究成果后，美国、印度等各国科学家均能重复验证，说明这项成果具有可重复性。可重复性原则是科学事实成立的重要依据，是科学确定性、普遍性的基石。

运动也是如此，只有具备可重复性，普通人才能受益最大。世界卫生组织的《关于身体活动有益健康的全球建议》就满足这些条件。该运动建议建议大家进行适量的中等强度以上（含中等）的有氧身体活动。也就是说，对大部分时间、精力有限的普通人来说，进行适量的慢跑、骑行、爬楼等中等强度以上的有氧身体活动即可，简单，实用。虽然花很多钱拜名师学习一些高难度运动项目也能收到一定锻炼效果，但对多数普通人来说，长期坚持的可能性会较小，费钱费时的运动还真不一定比人人皆可做的常规运动效果强。

同样，只有“享受”具备可重复性，大多数普通人才能真正爱上运动，从而长期坚持下来。所幸的是，在一定条件下，运动确实可以产生极致的幸福体验——心流，该结论被包括中国在内的各国科学团队重复验证。

因此，“一个重要原则，两个基本特征”是我们普通人非常理想的运动锻炼策略。不仅提供了健康和幸福，还让健康和幸福变得特别的简单和可持续。

为此，本书提出行意合一（动作与意识的极致和谐统一）理论，让运动在享受中进行，从而能够长期坚持，获得健康长寿。并以此来指导人们日常走路、骑行、爬楼、拖地等活动，可使这些活动都能满足“高效”特征，从而确保普通人轻易达到维持健康的最佳运动量，行意合一还能引导多种运动都能达到最佳幸福心理状态——心流状态，使这些运动变成至美的享受，从而享有健康、快乐的高质量生活。

行意合一是中国传统武术的一个重要特征，是中国传统文化的精华。虽然中华武术博大精深，但是，很多只能局限于师傅与徒弟间的口传心授，对普通人来说普及性不高。行意合一理论则易于被普通人掌握和应用。

本人在武术泰斗吴彬老师的指导下，查阅了大量文献，请吕韶钧老师给予指点审读，并访谈了吴京、梁长兴、赵庆建等武术冠军，将行意合一的理论提炼出来，奉献给广大读者。

从远新

目录

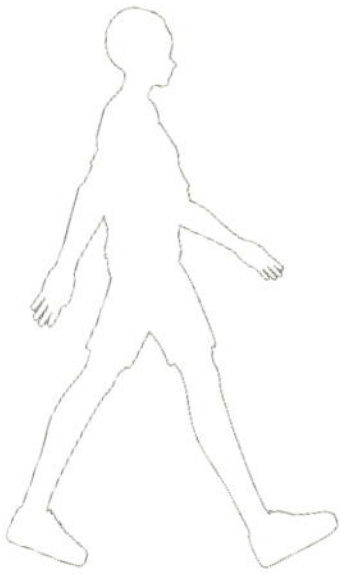

第一章 /

行意合一，健康、幸福的试金石

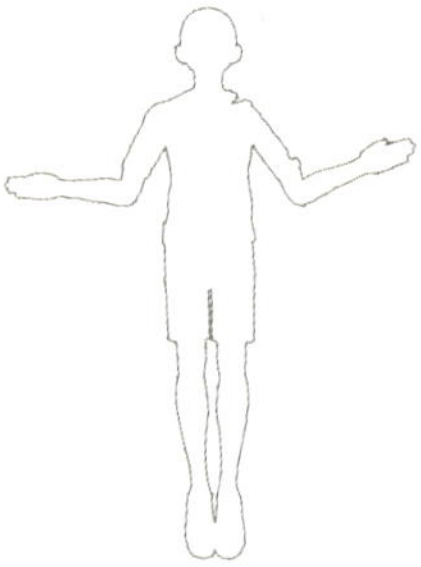

第二章 /

行意合一到底是什么

第三章 /

行意合一之实践应用

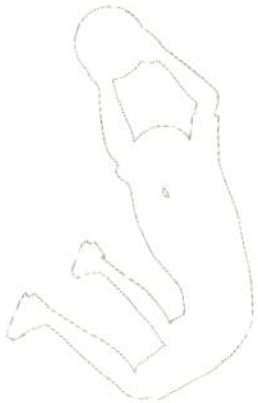

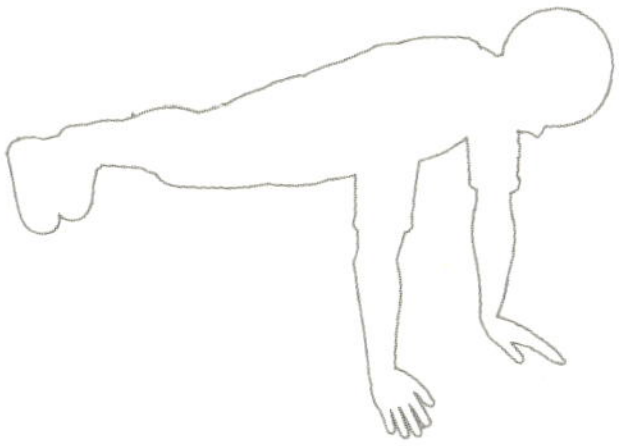

第四章 /

最高效、最持久的减肥妙策

第五章 /

行意合一：拉伸圣经

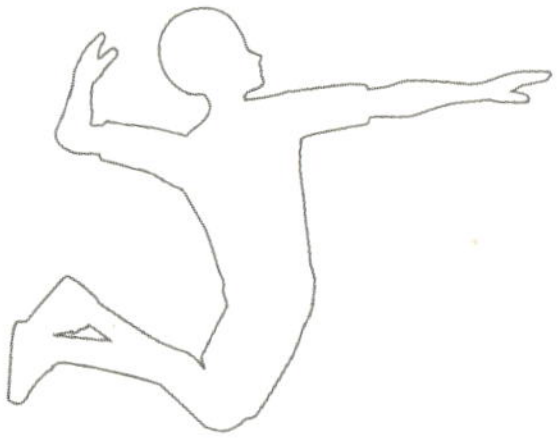

第六章 /

脑力活动启示

行意合一，健康、幸福的试金石

大文豪列夫·托尔斯泰曾说过:“不幸的家庭各有各的不幸,幸福的家庭却是相似的”。

从心理学角度来说,这是有一定道理的,虽然我们可以憧憬成千上万种幸福,但心理学研究表明,不同国别、种族、性别等群体的最佳幸福体验却表现出高度的一致性,**即具备“心流”(flow)的特征。**

今天,你心流了吗

生活中经历心流越多的人,幸福感越强,心流可以说是衡量幸福的试金石。心流的广泛延伸可使个人生活质量最优化。

那么什么是“心流”呢?

著名心理学家、积极心理学奠基人米哈里·契克森米哈赖(Mihaly Csikszentmihalyi)对运动员、艺术家等不同人群做了大量调研,发现这些人所描述的最幸福时光有着非常相似的地方,那就是:全身心地投入到自己所喜欢的活动中,并且能连贯流畅地持续下去,一以贯之。

契克森米哈赖将这种情绪命名为“心流”,他特别强调了这种情绪并不是实现了某个目标后的短暂快乐,而是一个持续的过程,这个过程具有水流的特征:顺乎自然,连贯流畅,一气呵成。所以译者多将这种情绪译成“心流”,也有译成“流畅感”“沉浸”等其他词汇的。

心流理论由契克森米哈赖提出后,已在世界各地被研究和应用,并且已经被广泛应用到各个领域中。

想想自己有没有过心流的状态,是不是觉得很幸福?

心流体验中,有一个最典型的特征就是:只关注当下,全神贯注于活动过程本身,而非除此之外的任何状态。也就是说,幸福的关键在于是否能享受努力的过程,用契克森米哈赖的话说,那就是“最有价值的幸福是集中在此时此刻,以自己擅长的专业技能从事自己认为有意义的活动，是全身心投入时的状态……”

有趣的是，心流体验往往不会出现在消极娱乐的时刻，比如，看电视是最不容易产生心流的。奢侈的休闲形式（比如坐游艇）比起从事运动、交际、手工制作或者学习等提供的心流体验要少得多。心流只发生在对个人而言很有挑战性、很有价值的任务时，所以学习、工作更容易产生心流，而运动则最易产生心流。

其实，生活对我们每个人都是公平的，不妨多从事一些有一定挑战性的、有积极意义的活动，去享受心流的状态，否则，即便拥有再多的金钱也不一定快乐。

虽然心流极美，被公认为是最佳的幸福体验，但却无法形容，因为太美了。处在心流体验中时，人们只会专注于活动本身，心流过去后，才意识到经历了无比愉悦的时光。就像睡了个好觉一样，人们无法刻意体会，只能在醒来后才会意识到。

运动时最易产生心流，下面是一些朋友在运动后的体验，用此来描述一下这无比美妙的幸福感。

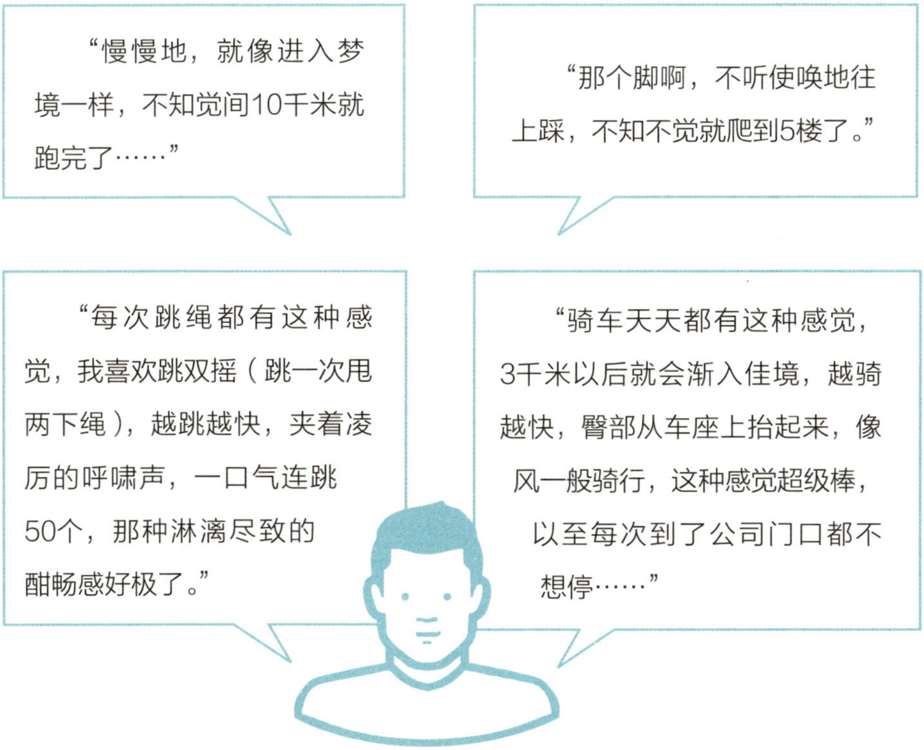

需要说明的是，语言远远跟不上表达的需要，尤其当表达的对象是复杂的感受时，运动时极致的幸福感只有经历以后才会知道。

行意合一，让运动变成至美的享受

目前有关心流的研究主要集中在情绪体验方面，至于如何才能产生心流，尚无有效的指导、干预手段。

不过，心流理论创始人契克森米哈赖在《生命的心流》一书中指出：源自中国的东方武术不像西方武术只注重体能表现，而倾向于修炼武者的心理与精神状态。武者的目标在于瞬间不假思索，便以最佳招数搏击对手。也就是大家常说的“下意识”，就像你伸手拿笔不用想动作要领一样。武道高手声称，战斗是一场充满乐趣的艺术表演，平时意识与行为二元化（意识与行为不同步或者不一致，一般多是意识引导行为）的状态，会在战斗中转为一元化（意识与行为同步一致）。因此，武术也可视为心流的一种特殊形式。

我们所推崇的行意合一理念就是希望大家在运动时能够产生心流，人只有在愉悦的状态下才容易坚持，而运动对于人们来说，能够长此以往地坚持下来，才能达到强身健体、长寿的目的。行意合一即为意识与行为的极致统一，主要从武术中提炼出来，并对其他各种节奏性运动（如快走、跑步、游泳等）有广泛的指导意义。

生活中运动带来的体验感不是单一的，而是多元的，可以是焦虑、抑郁、痛苦，也可以是兴奋、愉悦、美妙，进入行意合一状态就很容易达到后者。当快走、跑步、爬楼、跳绳、洗衣、拖地等运动变成享受时，是不是更容易坚持？世界卫生组织以及美国、澳大利亚、加拿大、太平洋地区等相关机构建议的合理运动方案都有一个共同特征：**在快乐的时候，不知不觉间拥有了健康的身体，生活将会变得更美好。**

合理的运动
促进健康长寿

大家都知道合理的运动对人体有益，本书提出的行意合一理念，就是一种很实用的方法，能帮助读者朋友们长久地、愉快地坚持运动。

在了解如何在行意合一状态下运动前，我们先看看什么样的运动是合理的？又能给人们带来怎样的益处？

运动的必要性

中共中央、国务院印发的《“健康中国2030”规划纲要》首先提出了健康是促进人全面发展的必然要求。**我们需要的是健康的长寿，而不是没有生命质量、没有尊严地活着。**合理运动有利健康长寿，运动匮乏者更容易多病早逝。

大量研究数据表明，缺乏运动者罹患癌症、高血压、糖尿病、心脏病、阿尔茨海默症（老年痴呆症）等各种疾病的风险都高，而且早逝的风险也更大。也就是说缺乏运动者所损失的不仅是生活质量，还有寿命，是很不划算的。

我们不妨来看看在这方面有先进经验的国际组织及国家所列出的一些数据和建议。

世界卫生组织《关于身体活动[①]有益健康的全球建议》，提出的缺乏身体活动的危害。

1. 缺乏身体活动已成为全球第四大死亡风险因素，造成约6%的死亡率，仅次于高血压（13%）和烟草使用（9%），其风险水平与高血糖（6%）相同。每年约有320万人因缺乏身体活动而死亡。
2. 据估计，21%~25%的乳腺癌和结肠癌、约27%的糖尿病和约30%的缺血性心脏病患者患病可以归因于缺乏身体活动。
3. 大量研究表明有规律地进行身体活动可以减少患冠心病、卒中（中风）、2型糖尿病、高血压、结肠癌、乳腺癌和抑郁症的风险。
4. 此外，身体活动是能量消耗的关键决定因素，因而也是维持能量平衡和控制体重的基础，而超重和肥胖占全球死因的5%。

《美国人身体活动指南》第二版[②]列出了如下佐证。

1. 对于年轻人来说，身体活动有助于提高认知、骨骼健康、身体健康和心脏健康，还可以降低患抑郁症的风险。
2. 对于成年人来说，身体活动有助于预防8种癌症（膀胱癌、乳腺癌、结肠癌、子宫内膜癌、食道癌、肾癌、胃癌和肺癌）；降低全因死亡[③]率；降低患阿尔茨海默症、心脏病、卒中、高血压、糖尿病的风险；有改善骨骼健康、身体功能，提高生活质量的作用。
3. 对于老年人来说，身体活动降低了跌倒和摔伤的风险。

---

① 身体活动：由骨骼肌肉产生的需要消耗能量的任何身体动作。

② 由于《美国人身体活动指南》第二版编制时间较《关于身体活动有益健康的全球建议》更晚，所以掌握了更多有关运动更健康的科学证据。

③ 全因死亡：指一定时期内各种原因导致的总死亡，通俗的理解就是不论任何原因导致的死亡。

4 对于孕妇来说，身体活动可以降低患产后抑郁症的风险。

5 对所有的人群来说，身体活动可以降低体重过度增加的风险，并帮助人们保持健康的体重。

《美国人身体活动指南》第二版强调的一个关键原则是“多动少坐”。

久坐时间越长，导致心脏病、高血压和全因死亡率的风险越高，所有的身体活动都有助于抵消这些风险，中等强度到高强度有氧身体活动效果更佳。

身体活动的特征

《美国人身体活动指南》第二版有关久坐的结论源自发表在《柳叶刀》杂志上的一项涉及超过100万人试验的研究报告，该报告还指出，每天1小时的中等强度有氧活动可以抵消一天坐8小时所带来的健康风险，其中包括快走（5.6千米/小时）或快速骑自行车（16千米/小时）。

怎样运动才能健康长寿

前面已经说了当人们缺乏运动时，多病早逝的风险偏高，那么，普通人该如何运动呢？多大的运动量和运动强度才能维持健康？达到足够的运动量和运动强度后有没有必要进一步增强呢？

请选择具有“可重复性”（replicability, 可简单理解为效果能被重复验证）的运动方案。

日常，我们会听到太多不同的运动建议，有建议日行一万步的，有说太极拳好的，有认为瑜伽能延年益寿的，有说得花大价钱办健身卡请专业教练指导的，有说练习易筋经能改变筋骨、开砖劈石的……到底哪个最适合自己呢？

我们推荐世界卫生组织《关于身体活动有益健康的全球建议》、中国的《全民健身指南》、美国的《美国人身体活动指南》第二版，这些权威指南的建议是非常一致的，也可以说是大众的最佳选择。

因为这些指南都是基于大量针对普通人的调研数据分析出来的结果，最大程度上符合了科学的可重复性原则，普通人参照执行获益的概率最大。而且这些权威指南提供的方案简单，也不需要多大的经济或者时间投入，非常实用。

《关于身体活动有益健康的全球建议》告诉我们，预防高血压、糖尿病、心脏病以及多种癌症等疾病的关键在于进行快走、跑步、骑车、爬楼、跳绳、游泳等各种有氧身体活动，每周进行150~300分钟的中等强度有氧身体活动或者75~150分钟高强度有氧身体活动或者两种活动量组合即可。2017年我国出版的《全民健身指南》针对百万中国居民的调研数据也支持该结论。2018年出版的《美国人身体活动指南》第二版收集的更多证据同样支持此结论。

因此，对普通人来说，进行具有可重复性的运动对健康长寿最有益。

所以说，健康长寿对大家都是公平的，无须多大的经济或者时间投入，适度从事快走、跑步、爬楼、骑车等有氧身体活动即可。行意合一正好能促进快走、跑步、爬楼、骑车、打球、游泳等各种运动达到心流状态，在健康的基础上，充分享受幸福生活。

TIPS

何为“可重复性”

很多人在运动锻炼方面存在着较大误区，让原本简单的运动锻炼变得无比复杂和艰难，这里再强调一下可重复性的价值意义。

所谓“可重复性”，打个比方，屠呦呦女士发现了青蒿素可治疗痢疾后，其他科学家可以重复验证，则屠呦呦女士的发现就具有可重复性。因为具有可重复性，所以能为全人类所用，具有普世价值，屠女士也因此成为中国首位自然科学诺贝尔奖获得者。

可重复性为科学发现的基本要求，是科学事实成立的重要判据，是科学确定性、普遍性的奠基石。每当有新的研究发现时，真正的科学家们从不会说该发现是否科学，更关心的是能否被别人重复验证。因为一项新的科学发现可能是正确的，也可能是错误的，也可能是部分正确的，只有能被别人重复验证的部分才能算是客观正确的，具有真正的价值，一如牛顿的万有引力定律一样（在宏观方面具有可重复性，故而被全世界认可）。

对患者来说，如果选择具有可重复性的医疗手段，那么痊愈的概率显然最大。

同样，对普通人来说，如果选择具有可重复性的运动方案，那么，健康长寿的概率最大，世界卫生组织《关于身体活动有益健康的全球建议》就提供了这样的运动方案。

世界卫生组织的《关于身体活动有益健康的全球建议》、中国的《全民健身指南》、美国的《美国人身体活动指南》建议基本一致，本书现摘要部分内容供读者参考。想深入了解的读者可以查阅原文或者原书，我们的感觉是《关于身体活动有益健康的全球建议》最简洁，可由世界卫生组织网站下载；中国《全民健身指南》提供的方案最详细，可以购买纸质图书；《美国人身体活动指南》第二版提供的证据最详细，可由https://health.gov/paguidelines/second-edition/下载。

□ 成年人年龄组建议

《关于身体活动有益健康的全球建议》对成年人（18~64岁年龄组）的主要建议摘要如下。

1

18~64岁成年人每周至少进行150分钟中等强度有氧身体活动，或每周至少进行75分钟高强度有氧身体活动，或中等和高强度两种活动相当量的组合（活动量1）。

2

为获得更多的健康效益，成年人应增加有氧身体活动，达到每周300分钟中等强度或每周150分钟高强度有氧身体活动，或中等和高强度两种活动相当量的组合（活动量2）。

3

每周至少应有2天进行大肌群参与的强壮肌肉活动。

成人维持健康的每周活动量	
有氧身体活动	**强壮肌肉运动**
150~300分钟中等强度 或75~150分钟高强度 或者两者组合	至少2天大肌群参与
快走、骑行、跑步、爬楼、跳绳、打球等	俯卧撑、单杠引体向上、举重、大步爬楼等

说 明

1. 身体活动包括在日常生活中的休闲时间活动、交通往来（如步行或骑自行车）、职业活动（如工作）、家务劳动、玩耍游戏、体育运动或有计划的锻炼等。

2. 涉及的部分名词解释如下。

强度（完成活动的用力程度）： 指进行某项活动或锻炼时所需付出力量的大小。

中等强度身体活动： 就绝对强度而言，中等强度身体活动指强度为静息强度的3.0~5.9倍的身体活动。就个体能力的相对强度而言，中等强度身体活动通常为0~10级量表中的5级或6级。

《美国人身体活动指南》第二版提供了更简易的参考标准，进行中等强度身体活动时可以交谈，但不能唱歌。

典型的中等强度活动有打网球（双打）、休闲式游泳、骑车（速度低于16千米/小时）、瑜伽、跳舞、一般庭院工作、打扫院子等。

高强度身体活动： 就绝对强度而言，高强度身体活动指强度为成年人静息强度的6倍及以上或为儿童和青少年静息强度的7倍及以上的身体活动。就个体能力的相对强度而言，高强度身体活动通常为 0~10级量表中的7级或8级。

《美国人身体活动指南》第二版提供了更简易的参考标准，高强度身体活动时无法语言交谈，说不了几个词就得停下来呼吸。

典型的高强度活动有跑步、游泳、网球（单打）、骑自行车（速度超过16千米/小时）、充满活力的舞蹈、徒步上楼或负重上楼、重体力工作（挖掘、铲雪）、健美操、跆拳道等。

有氧身体活动： 有氧活动，又称耐力活动，可以增进心肺功能，如快走、跑步、骑车、跳绳和游泳等。

3. 在“活动量1”基础上继续增加运动量可获得更多的健康效益，但超过“活动量2”后继续增加运动量，效果会变得很小，且会增加受伤的风险。

4. 对于那些身体活动水平较高的人群，不鼓励降低现有身体活动水平的目标。

5. 上述建议是根据如下证据编制的。

1 通常每周150分钟中等及以上强度的有氧身体活动即可使患冠心病、卒中、高血压等与心肺有关的疾病的风险降低。

2 每周150分钟中等到高强度有氧身体活动可显著减少患代谢功能疾病（2型糖尿病、代谢综合征）的风险。

3 每天30~60分钟的中等到高强度有氧身体活动可降低患乳腺癌和结肠癌的风险。

4 有研究表明，一般人每周150分钟以上的有氧身体活动可以保持健康体重。

5 负重的耐力和抗阻力形式的身体活动（如运动训练）可以有效促进骨密度的增加。

6.《美国人身体活动指南》第二版于2018年编制，比世界卫生组织的《关于身体活动有益健康的全球建议》晚了8年，提供了更多有关身体活动与健康的调研数据，这些调研数据也支持《关于身体活动有益健康的全球建议》。

另外，《美国人身体活动指南》第二版还列出了上述活动建议有利身体健康的更多证据。

1 可以在短期产生立竿见影的效果，一次身体活动就可以减少焦虑、降低血压、提高睡眠质量、增强胰岛素敏感性。

2 此外，身体活动有益于一些疾病的改善，包括减轻关节炎疼痛、减缓高血压或2型糖尿病的病情进展、减轻焦虑和抑郁症状，改善阿尔茨海默症、多发性硬化症、多动症和帕金森病患者的认知水平。

7.《关于身体活动有益健康的全球建议》以及《美国人身体活动指南》第一版均建议“有氧身体活动应该每次至少持续10分钟”，但《美国人身体活动指南》第二版删除了相应建议，该版首次提出，只要做到“多活动、少坐着”，就能改善健康，**新的科学证据表明，每个人不管在何时、何地以什么样的方式动起来，仅仅是动起来，就能显著改善自己的健康状况。**

8. 中国《全民健身指南》对成年人的建议与上述建议基本一致，只是增加了“牵拉练习运动前后做”的细节建议。

□　未成年人和老年人的建议

《关于身体活动有益健康的全球建议》对儿童、青少年和老年人的部分建议摘要如下。

儿童和青少年的身体活动包括在家庭、学校和社区中的玩耍、游戏、体育运动、交通往来、家务劳动、娱乐、体育课或有计划的锻炼等。

为增进心肺、肌肉和骨骼健康，减少患慢性非传染性疾病的风险，建议如下。

1. 5~17岁儿童和青少年应每天累计至少有60分钟中等到高强度身体活动。
2. 大于60分钟的身体活动可以提供更多的健康效益。
3. 大多数日常身体活动应该是有氧身体活动。同时，每周至少进行3次高强度身体活动，包括强壮肌肉和骨骼的活动等。

65岁及以上老年人的身体活动包括家庭和社区中的休闲时间活动、交通往来（如步行或骑车）、职业活动（如仍从事工作）、家务劳动、玩耍游戏、体育运动或有计划的锻炼。

为增进心肺、肌肉、骨骼等的健康，减少患慢性非传染性疾病、抑郁症以及认知功能下降等风险，建议如下。

1

老年人每周至少进行150分钟中等强度有氧身体活动，或每周至少75分钟的高强度有氧身体活动或中等和高强度两种活动相当量的组合。

2

为获得更多的健康效益，老年人应增加有氧活动量，达到每周300分钟中等强度或每周150分钟高强度有氧身体活动，或中等和高强度两种活动相当量的组合。

3

活动能力较差的老年人每周至少应有3天进行提高平衡能力和预防跌倒的活动。

4

每周至少应有2天进行大肌群参与的强壮肌肉活动。

5

因健康状况不能达到所建议的身体活动水平的老人，应尽可能在能力和条件允许的情况下积极进行身体活动。

如何才能达到合理的运动量

虽然现代人大都知道适度运动有利健康长寿，但是能坚持做好的却不多。因此，如何将合理的运动坚持下来才是关键，为此，《关于身体活动有益健康的全球建议》列出了不同国家的一些建议，现摘录一部分供大家参考。

《用你自己的方式活动：基于美国2008身体活动指南的成年人指引，2008》，针对18~64岁的成年人建议。

（1）用你自己的方式活动。

（2）选择一个你喜欢，并适合你生活方式的活动。

（3）找到最适合你的活动时间。

（4）有许多方式可以使适度的活动融入到你的生活中，积少成多，聊胜于无。

（5）从你能够胜任的活动开始，之后尝试各种方法来增加活动量。如果你有一段时间没有活动了，要慢慢开始，不能急于求成。几周或几个月后，你就可以建立起自己的活动方式，然后循序渐进，逐渐增加活动时间和活动频率。

《澳大利亚12~18岁年龄组身体活动建议》。

选择你喜欢或你认为你可能喜欢的一系列活动去尝试。

澳大利亚《国家成年人身体活动指南，2005》针对成年人（18~64岁）的建议。

每天以尽可能多的形式活动，如养成步行或骑自行车的习惯，尽量不要以汽车代步，凡事最好亲力亲为，而不要偷懒使用那些省力的机械装置。

《太平洋地区身体活动指南》针对18~65岁的成年人建议。

每天尽可能以多种你喜欢的形式进行活动。

《加拿大成年人身体活动指引，1999》55岁及以上成年人的建议。

（1）生活中每天以你自己的方式积极进行身体活动。年龄不是障碍，要循序渐进。

（2）找到你所中意的活动形式。

（3）使身体活动融入你的日常生活。逐步增加你目前所进行的身体活动的频率。任何时候，任何地点，只要能够步行，尽量步行。

总而言之，达到合理运动量的关键是：

1. 享受身体活动，享受了才能坚持。
2. 以尽可能多的形式活动，形式多了更容易达到运动量。
3. 将身体活动融入到日常生活中，使走路、爬楼、洗衣、拖地等都能变成最有效的锻炼。

4 尽可能从事中等强度以上的身体活动，或者让走路、骑行等活动达到中等强度或者高强度。

如果有一种运动理论能同时满足上述4点，让人爱上各种身体活动，并且正好使走路、骑行、拖地等身体活动都能达到中等强度以上，获得最佳锻炼效果，那将会是极度美妙的。

如果这种理论还具有普世价值，适合不同民族和国家的所有群体，人人都能做到，那就更好了。

而本书推崇的行意合一理论正好满足了上述所有条件，让你对健康的追求变得非常容易和快乐。

行意合一
到底是什么

行意合一其实很简单，就是将动作与意识融为一体，动作有整体性和连贯性的特征，人在意识上的感受是享受的、专注的，情绪也是连贯的，动作与意识两者高度和谐统一。通俗些说就是你在做一个或一组动作时，不用大脑再给指令，想都不用想就做出来了。

行意合一也叫作身心一元化、形神合一、精神与肉体合一等。

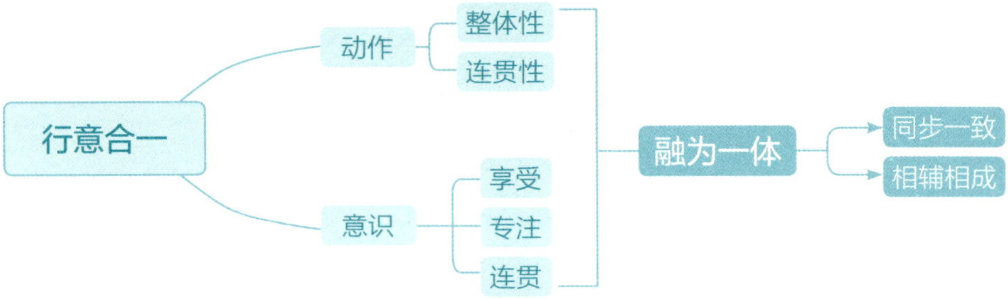

我们推荐行意合一理念，是因为对普通人来说，它具有两大优点。

1 提供最佳锻炼效果。从理论上讲，整体性锻炼显然比局部性锻炼更能使全身受到充分锻炼，从而让锻炼效果更佳；从科学证据上讲，整体性锻炼强度更高，可以使行走、拖地等各种活动达到中等强度以上。上一章已经提及，坚持每周150~300分钟的中等强度有氧身体活动（或者75~150分钟高强度有氧身体活动或者两种活动量组合）有助降低患多种疾病的概率，有益于健康长寿。

2 让生活变得更幸福。当你在进行体育运动及体力活动时，感到无比的享受，生活的幸福指数无疑会有很大提高，对讨厌运动的超重者来说尤是如此。

对普通人来说，行意合一最大的优势不只在于提供更加科学的运动方式，更重要的是使运动更易坚持，让健康和幸福变得特别简单且可持续。

尽管有关幸福和健康的理念很多，但对大众来说实用的却不多，所幸的是行意合一理念做到了。

人们在运动时，最难做到的就是坚持，但如果在意识上很享受，是不是就比较容易坚持下来了？动作的整体性和连贯性会使人在意识上的享受达到极致，两者相辅相成，相互促进，使运动锻炼变成一件快乐的事。

这对少数意志力惊人的人来说或许没有什么价值（他们或许能坚持从事一辈子让自己痛苦的运动），但对绝大多数人来说，却是大有裨益的。本书作者之一丛远新说："我的几个超重朋友，原以为自己一辈子与减肥无缘了，因为运动太痛苦，他们无法坚持下来，后来在我的指导下，选择了适合自己的运动和节奏，逐渐爱上了运动，而且变得欲罢不能，不仅成功减肥，生活质量也大大提高了。"

行意合一的姿势（静态）

人们在日常进行走路、跑步等运动时，一般只有肩、胯、四肢参与运动，躯干部分（除肩、胯）处于相对的静态中。

在行意合一状态时，处于相对静态的躯干姿势表现出"中正安舒"的特征。

日常，当你加快行走速度时，是不是头顶得更高，脊柱更加挺拔，腹部和臀部肌肉收缩得更加紧凑。实际上，不仅快走如此，几乎所有的节奏性运动在趋于整体性时，身体姿势都会表现出类似特征，传统武学家早发现了这个规律，将其总结为"中正安舒"这四个字。

中正安舒为人之天性，运动达人们往往能在各种运动中凭本能做好，可以忽略本节内容，运动匮乏者可以参考一下。

具体来说，中正安舒就是要提顶拔背、气沉丹田、收腹敛臀，使躯干呈对拔拉长状态，将S形脊柱伸展得更直。如此，身体处在更高的平衡状态，支撑更加稳定，蹬地更加有力，更显高挑挺拔，行走、跑步等会形成比平常更高的"运动身高"即出于此故。

保持在中正状态时，精神更加振奋，注意力更加集中，并且能在快速的变化中使身体保持在稳定状态，使人沉着冷静。否则，稍有打滑或者磕碰身体就会变得东倒西歪，甚至导致摔跤，使人心慌意乱。因此，保持在中正状态会有一种内固精神、外示安逸感。聪明的武学家们又拓展成“中正安舒”，从感知的角度进一步准确定位形容其含义。

TIPS

中正安舒的身体姿势

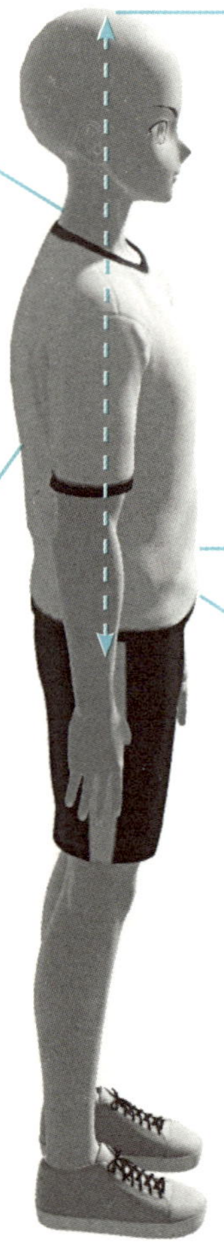

提顶——又作虚领上顶、虚领顶劲。其意为，头部要顶，颈部要直，同时颈部要灵活，可随意转动调节平衡，微收下颌。忌：低头、昂头、歪头、晃头。

提顶拔背、气沉丹田——即上下对拔拉长脊柱，会有神清志明、精神抖擞、意念集中的感觉。

拔背——保持脊背挺拔，忌往前驼背或者往后仰背。

气沉丹田——疾跑时，人们会本能地憋住气，这样可以保持腹腔的稳定，有助力的传递。气沉丹田就是介于这种憋气和日常浅呼吸之间的呼吸，既能保证呼吸持续下去，又能保证腹腔的稳定。

收腹敛臀——收腹可以防止身体后仰，敛臀可以防止身体前俯，收腹敛臀可以保持身体前后方向的平衡。

题外话

中正安舒乃人之天性

第一，从历史的长河来看，人类一直是朝着中正安舒的方向进化的，参见下图看得就很清楚了。

其中以“提顶”为最，在进化之前，古猿的头骨还是同肩膀连在一起的，而我们聪明的祖先却在几百万年的进化过程中，坚持提顶，终于进化出今天这样利于直立运动和思考的构造。

第二，中正安舒为现代人与生俱有的天性，顺之者更加健康长寿，失之则易致病。

中正安舒并不是什么高深的理论，是人们与生俱来的天性，试着加快行走速度，尤其是步频（脚步的频率，单位时间内的步数），就会发现身体越发趋于中正安舒（提顶拔背、气沉丹田、收腹敛臀）的状态，其中以躯干挺拔最为明显。目前已有多组调研数据表明，行走快捷有力者更加长寿。如果不遵循相应道理，长期低头弯腰驼背者容易导致腰椎、颈椎的疾病，这也是当下人们常见的问题。

第三，保持中正者，精神愉悦、头脑清醒、毅力坚强。

研究发现，与“弯腰驼背，耸肩耷拉脑袋，瘫坐在椅子上”的学生相比，“抬头挺胸，坐得笔直”者坚持做题的时间长一倍，内心感觉更加舒坦和愉快。

当显示器摆放的与人视线齐平时，往往使人的身体坐得更直，人也更加精神、振奋。

还有研究表明，这个姿势可以增加肺活量，更好地输送氧气，使血液顺利输送到脑部，保持敏捷的思维。

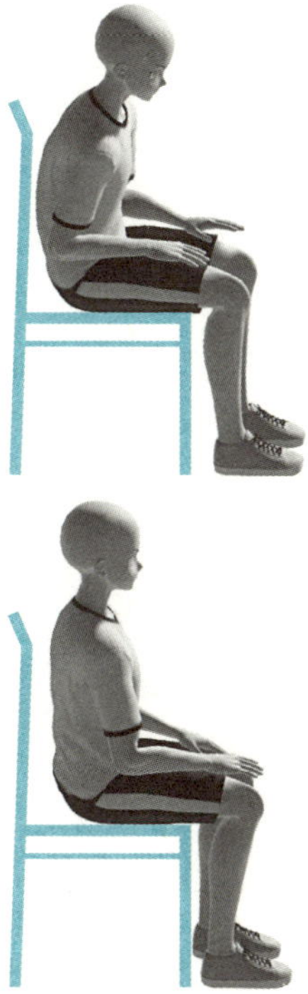

保持中正者，精神愉悦、头脑清醒、毅力坚强

上述道理也早为传统武术家所发现，所以有这样的一些说法。

提顶拔背，则神清志明。

提纲全在顶劲，故顶劲领起而周身精神皆振。

自始至终，顶劲不可失，一失顶劲，四肢若无附力，且无精神，故必领起，以为周身纲领。

顶劲领起，精神提得起，无滞重之虞。

第四，保持中正安舒状态的人更迷人。

澳大利亚新南威尔士州纽卡素大学的一项研究表明，当人们将头略微抬起，下颌收紧放低，胸部挺起（是相对于低头弯腰的矫正，保持躯干笔直、挺拔的意思，并不是向前反挺，）时，最具风度和魅力，更能吸引异性目光。

行意合一的动作（动态）

到底做什么样的动作可以使人达到行意合一的状态？容不容易做到？这肯定是大家最关心的，其实行意合一关键在于动作的整体性和连贯性。整体性可以产生最大速度、力量等效果，连贯性可以将不同时刻的动作效果累积起来。

■ 整体性

人在行意合一状态时，所做出的动作表现出高度的整体性。通俗地说，就是全身都在动，而不是只动某个部位。

所谓整体性，即利用全身相关肌群发力做功产生能量，以产生最大运动距离、速度、力量等运动效果，尽可能利用全身各肌群吸收传递过来的能量转化为弹性势能以重复利用，既能节约体能，又能避免局部受力过大而受伤。一般人在大多数运动中可以依靠本能做好，只需加强速度、力度等即可，在后面的实践应用部分会有详解。

下面举两个简单的例子，便于大家更好地理解行意合一状态时的整体性。

其他的运动也是一样，拖地时，手臂之外的肩、胯、腿共同参与，幅度大，力量大，地不仅拖得更干净，而且速度还更快；进行推铅球、武术推掌、单手扣篮等运动时，全身参与均可产生出最大爆发力。

拖地

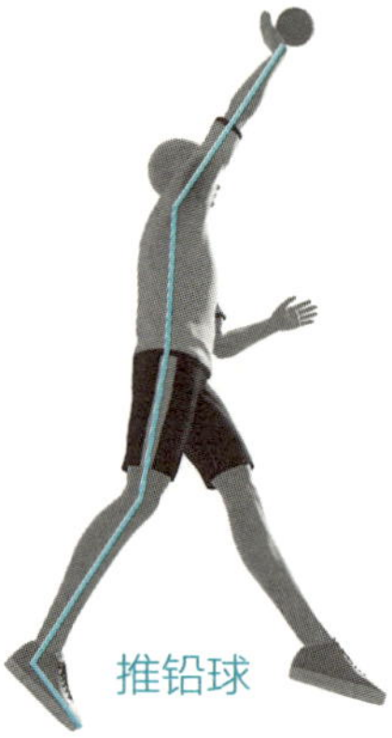

推铅球

推掌

扣篮

动作整体性的一个外在表现就是形体高度一致："一动无一不动，一静无一不静""一开（伸展）俱开、一合（收缩）俱合""一肢动百骸皆随；一屈，统身皆屈；一伸，统身皆伸"。

连贯性

行意合一时，动作除了要有整体性，还应具有高度的连贯性，要做到如下两点。

第一 保持快慢、开合、刚柔的节奏性变化，做到刚柔并济。

第二 在整个节奏性变化过程中，应连贯流畅，不能停顿。

运动达人们通常能在各种球类以及田径运动中本能地做好这两点，可以略过本节。对时间、精力有限的普通人来说，如果想在较低受伤风险的情况下达成较好的运动锻炼效果，可参考本节以下内容。

□ 刚柔相济

在进行节奏性运动时，动作要连贯，但速度、力量却不能均匀不变，要有快慢、松紧、开合的节奏性变化，做到刚柔并济。

刚柔是传统武学中的概念，并不高深，是非常简单的运动生物力学知识，运用好能产生最佳效果，运用不好则费力，还容易受伤。

所谓刚柔，**即节奏性运动中，最刚劲有力的瞬间为刚点，积累了最大弹性势能的瞬间为柔点，**整个运动就是在刚柔之间不断转换的过程，且刚柔能相辅相成，相得益彰。简而言之，节奏性运动中的松紧交替变化就是柔刚的交替变化。

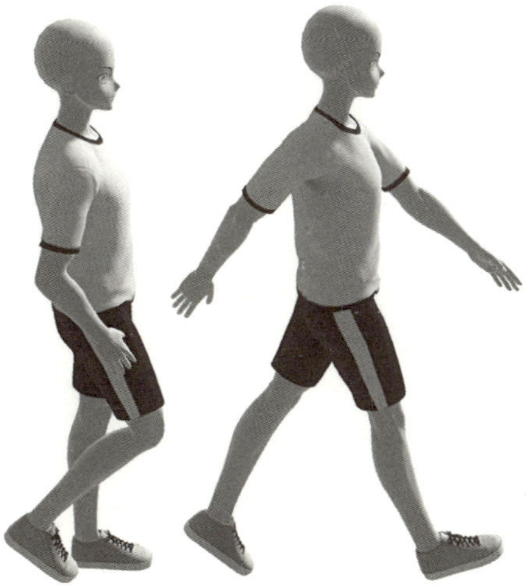

走路

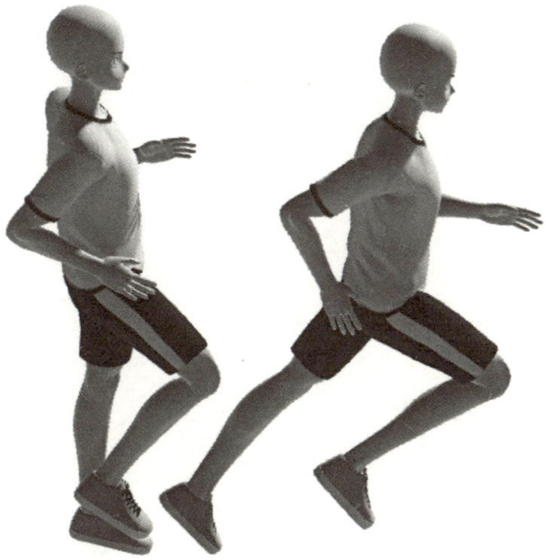

跑步

上面走路和跑步两张图都是左边动作是柔点，右边动作是刚点刚柔的变化遵循以下规律可以达到最佳效果。

合（收缩）则柔，开（伸展）则刚，合至最大值时为柔点，开至最大值时为刚点。

道理很简单，从运动生物力学角度来说，动作越开，发力效果越佳，如膝关节由70° 增加到170°，蹬地力量可由体重的1倍增加至6倍多。

因此，在腿即将蹬直瞬间充分发力（即“开则刚”）会产生极大的爆发力，一些腿部力量很大但跳跃能力不行的人就是不懂得相应道理，在弯曲时使全力，快蹬直瞬间反而使不上力了。

类似的，如做俯卧撑，在双臂快撑直时充分发力，可以产生很好的爆发效果，能将身体快速推高，甚至推离地面至腾空，就像弹跳那样。

下图示意者的蹬地力量可达上图示意者的6倍

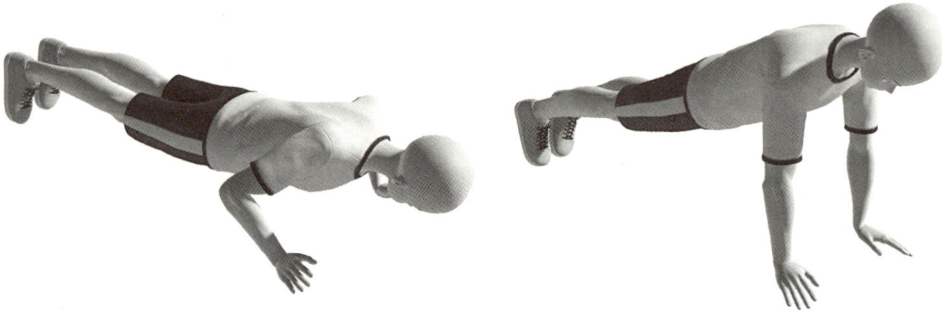

右边的示意者撑地力量可以达到左边的多倍

因此，开的时候适合发力，越开越是如此，开是动作之灵魂，更高、更快、更强的根本保证，各种高、快、强等爆发的瞬间皆处在“一开皆开”的极致状态，否则就无爆发可言，这是遵循人体生理规律所致的。

不难发现，双手扣篮、单杠引体向上、双杠撑起、武术双手劈棍等运动即将发力的瞬间，身体姿势几乎都是一样的，全都是“一开皆开”的反弓伸展状态，这样可促使劈击或伸展力量达到最大值。

同样，运动风格不同的铅球、羽毛球等，发力瞬间，姿势也是非常一致的，都是一开皆开，可促使推举或者劈击力量达到最大值。

合的时候虽然不利于发力，但却利于蓄劲（积累弹性势能）。故“开—刚、和—柔”是理想的运动方式。

传统武学家也早就发现了上述规律，有很多有趣的描述供读者参考。

“合势不嫌其小，欲气（弹性势能）合得足也（柔）；开势不嫌其大，欲力发得出也（刚）。”

“起势（合）时气要松活，气要擎而不硬，落点（开）方一齐着尽，使尽平生气力，始得刚柔之妙。”

“开时气势饱满，神气鼓荡；合时精神内敛，浑然一体。”

“四肢发动，气形诸外（释放动能），而内持静重，刚势也；气屯于内（积蓄弹性势能），而外现轻和，柔势也。用刚不可无柔，无柔则环绕不速；用柔不可无刚，无刚则催迫不捷。”

◻ 连贯流畅不停顿

弹簧压住不动后，只要不超出弹性限度，能量就不会消失，但静止的肌肉却存不住弹性势能，会耗散掉。试着原地跳高就会发现，起跳之前的下蹲可以积蓄能量，跳得更高，可若下蹲后停顿一会儿再往上跳，反倒跳不高了，因为停顿导致下蹲积蓄的能量被浪费掉了。

因此，动作必须连贯，不能停顿，以实现能量的高效流转和重复利用。

柔转刚阶段

连贯的动作能促使各肌群产生的能量逐次传递到局部叠加起来，从而产生最大的速度或者力量等效果。

刚转柔阶段

连贯的动作可以将局部的能量迅速传递分散至全身各肌群存储起来，既能迅速化解局部所受的强大冲击力而不致受伤，又能实现能量的重复利用。

在柔转刚和刚转柔阶段，应注意以下事项。

柔转刚

柔转刚阶段，各肌群逐次发力做功产生能量，定向传递叠加到一起，从而形成最大速度、力量。

其诀窍在于顺势而动和放松。

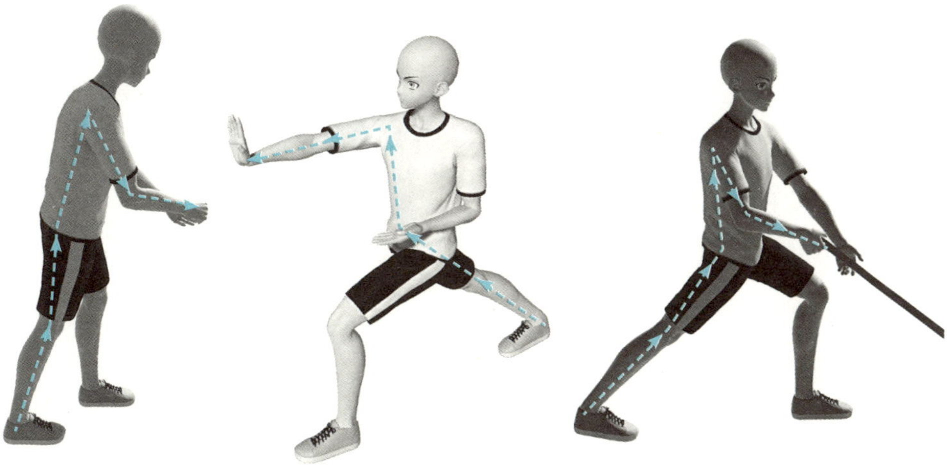

每个动作上的虚线箭头表示能量流转的方向

顺势而动，即除首次发力的肌群外，各肌群均在接受上一肌群传递过来的能量后，再顺势发力做功产生能量，传往下一环节，从而节节贯串下去，这样既轻松又迅速有力。

放松，可以保持高度的灵敏度和弹性，确保各肌群能充分接受上一肌群传递过来的能量，从而能顺势而动。

以走跑为例

一般人以惯常速度走跑时，摆动腿是沿着支撑腿蹬地传递过来的能量顺势而动的，而且摆动之前是充分放松的。故而动作轻松，摆动却有力，虽然单腿重量约占体重六分之一，但人们往往感觉不到用力就已经完成了摆动。

如果没有支撑腿的有力蹬地，那么摆动腿地摆动会费劲很多，如果摆动腿在摆动之前紧绷着，也会费劲，而且别扭。速度越快，这种感觉越发明显。

总而言之，走路、跑步时，摆动腿沿着支撑腿传递过来的能量顺势而动，摆动腿小腿沿着大腿传递过来的能量顺势而动，摆动腿的脚沿着小腿传递过来的能量顺势而动，在顺势而动之前，这些肌群都是放松的。

如此，正常人走路、跑步在蹬地时就形成了支撑腿—摆动腿大腿—摆动腿小腿—摆动之脚的节节贯穿，摆动腿之大腿、小腿、脚都是在接受了上一环节传递过来的能量后顺势而动。

如果骨盆也参与了转动以促进更大的步幅，就形成了由支撑腿—骨盆—摆动腿大腿—摆动腿小腿—摆动之脚的节节贯穿，摆动腿之骨盆、大腿、小腿、脚都是在接受了上一环节传递过来的能量后顺势而动。

这种节节贯穿、顺势而动的机理对跆拳道、足球、羽毛球、网球、格斗、洗衣等各种活动是普遍适用的，只是普通人缺乏相应的锻炼不易觉察到而已。

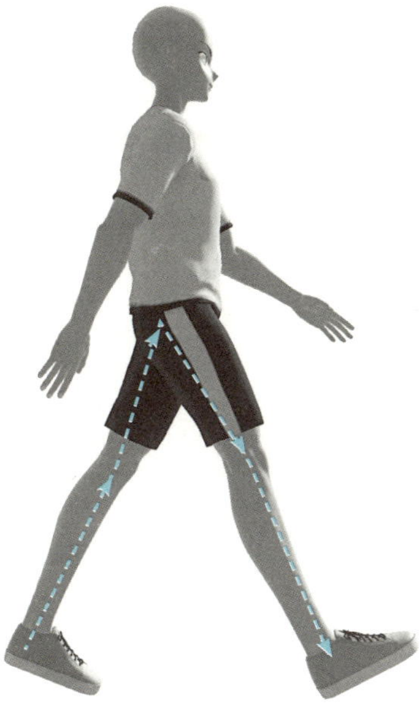

普通走路示意图

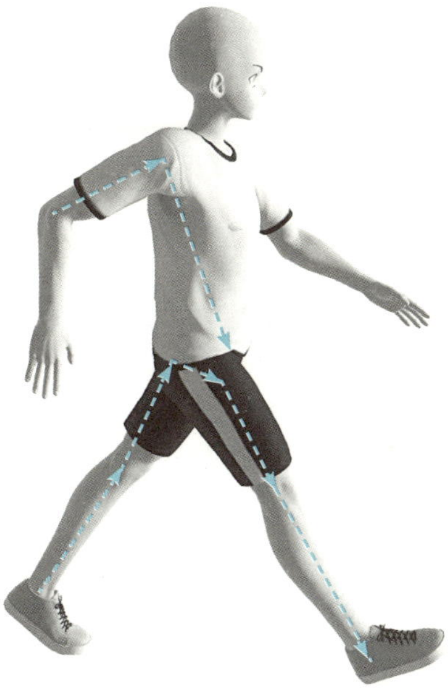

骨盆参与转动的大步快走示意图

传统武学家有如下有趣语句描述柔转刚阶段的动作特征。

“气之落也，归着一处，气之来也，不自一处。惟疏其源，通其流，则道路滑利，自不至步步为营，有牵扯不前之患也”。

这些描述都反映了柔转刚时能量由全身聚焦至一处的技巧：放松，顺势而动。

刚转柔

在刚（不含刚点）转柔阶段，比较常见的是收缩肢体积蓄弹性势能，一般人能凭本能做好（如搓洗衣服时，都是先将手臂收回来再往前搓，就像格斗时先将拳头收回来再出击一样，将手臂收回来的过程就是刚转柔的过程）。这里不再详述，仅强调一下刚转柔的作用意义。

以跑步为例，前脚着地即为“刚转柔”的开始，身体重心下降至最大值为柔点。

图左边的动作是“刚点”，右边动作是“刚转柔”

刚转柔有以下4个作用。

1 减少前移阻力，加快前移速度。否则，着地力量越大，对身体前移阻力越大，越是影响跑动速度。

2 高效利用能量，将高达约50%的能量转移至下一步使用，从而极大地节约体能。

3 保护身体骨骼、内脏和大脑不受振荡。如着地时间延长一倍，则人体所受地面平均冲击力减少一半，所以良好的缓冲技术对保护人体的作用是非常大的。就跑步而言，有效的“刚转柔”技术可以大大减少膝关节等所受的冲击力，避免受伤。

4 通过放松使身体得到节奏性休息。

以惯常速度跑步，只要不刻意跺脚，一般人都能本能地做好刚转柔的动作。

TIPS

以柔克刚

大家在看武侠小说时，常会看到“以柔克刚”这个词，最容易想到太极拳高手在受到强大冲击力后，将其轻松化解开，非常神奇的画面。

太极拳高手能否做到以柔克刚暂且不论，但猫确是公认的以柔克刚的高手。它们能从很高的地方跳下，但很少受伤。猫在即将着地时，以极快的速度将整个躯干连同四肢伸展至最大值，至着地瞬间，突然放松，由开转合，将动能转化为弹性势能。这需要极强的反应速度、灵敏度和爆发力，人类是很难企及的，但道理是相通的。实际上，篮球运动员在接篮球时都做到了以柔克刚，人们跑步着地时，也是以柔克刚的过程。

受外力冲击时，为了能做到以柔克刚，则需将局部能量迅速传递分散至全身肌群，转化为弹性势能存储起来，从而产生最佳蓄劲、化力（防冲击受伤）等运动效果，其动作形式上存在着大开到大合、高速到缓慢的过程，是以高度的反应速度、灵敏度和动作速度为前提的，仅练习柔缓的太极拳套路是做不到的。

以柔克刚主要需要做到以下两点。

1. 不顶不丢，粘连相随。此为太极拳推手中的经典谚语，即受到外力冲击时，不要直接硬顶，也不要躲避开，而是保持接触，如同粘连住，并随着外力的方向顺势收缩身体，将外力转存为自己所用。

2. 应先开后合，开至最大值再受力，受力前瞬间应充分放松，受力后顺势收缩肢体，积聚弹性势能。

下面以下楼梯、跃起落下、接篮球和用球拍接羽毛球为例予以说明。

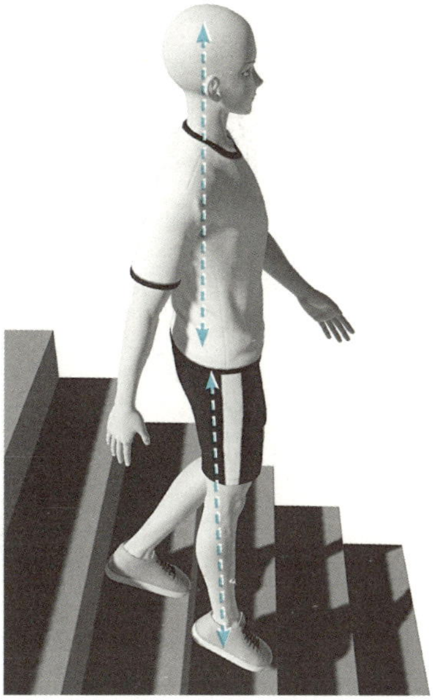

充分伸展至“一开全开”再着地，减少冲击力对膝关节等的伤害，并能积累弹性势能，提高体能利用率

（1）下楼梯

上下楼梯时，腿部所受的冲击力会比平常高得多，如果缺少有效的缓冲动作，容易导致膝盖骨关节过度磨损，因

此，高楼（无电梯）住户膝盖骨关节炎的患病概率比住平地的要高出 20%。

下楼梯关键在于：

第一，动作要开，向前下楼时积极伸展腿部，脚尖着地，迅速松开，这里的开不仅有膝、踝的开，有髋的开，还有脊柱的对拔拉长，是全身的“一开全开”。

第二，开的速度应快，在前脚尖即将着地时迅速开至最大值，然后着地，着地瞬间是放松的，实现刚转柔过程。

（2）跃起落下

跟下楼梯一样，着地前“一开全开”，将整个身体伸展至最大值，着地瞬间，松开，由刚转柔，由开转合，将动能转化为弹性势能。

注意开的速度应快，在前脚尖即将着地时迅速开至最大值，然后着地，实现刚转柔过程。

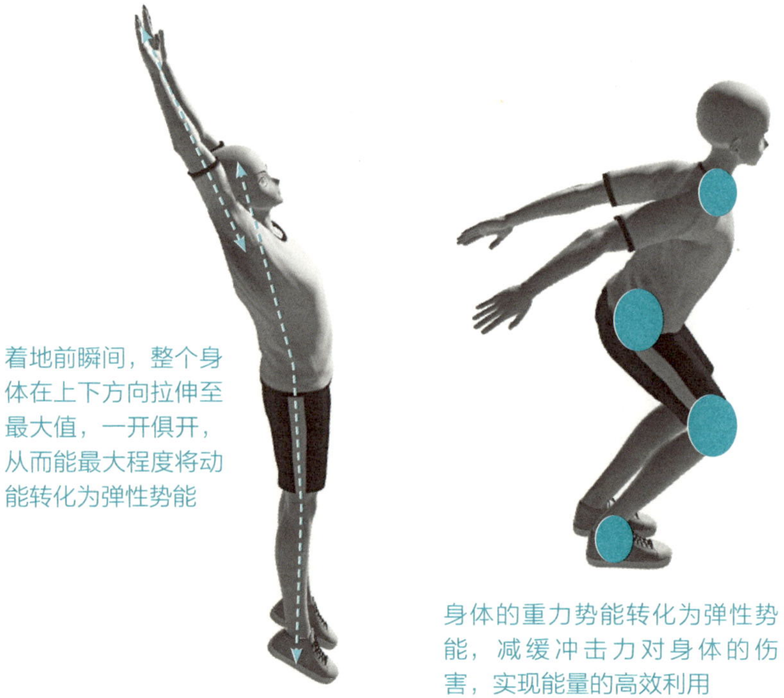

（3）接篮球

双手接球时，迎着篮球飞来的方向迅速伸出双手，手接触到球以后，两臂随球后引至胸前把球接住，实现由刚转柔、由开转合的过程。

动作关键是两臂迎球前伸手要快，触球后握球要稳，回引缓冲来球力量。

拍篮球类似，球反弹时，不应等着球到手上，而应朝着球反弹的方向积极迎上去，触球后，立即松开，顺势往上引，实现由刚转柔、由开转合的过程。

（4）用球拍接住羽毛球

跟接篮球类似，在打羽毛球时，迎着羽毛球飞来的方向迅速伸出球拍，触到球以后，顺势往回引，实现由刚转柔、由开转合的过程。

接篮球示意图

□ 注意放松

美国著名短跑运动员刘易斯在谈100米赛跑成功秘诀时说："在50米以前我加速，然后只要放松肌肉，越是放松，速度下降就越慢，因此我自70米至终点比其他任何一个人都快得多"。

这不是个例，科学研究表明，顶尖的短跑运动员蹬地力量低于一流的短跑运动员，但跑速更快，因为更善于放松，实现了能量的高效利用。

不仅跑步如此，几乎所有的节奏性运动都是如此，体育教练有个法宝，就是"放松"，只要学员技术不到位，几乎都可以用不会放松来解释。

放松，是实现能量高效传递和利用的关键，是动作连贯的必要条件。柔转刚阶段，放松好，才能将各肌群产生的能量高效传递至局部，以形成较大速度和力量，刚转柔阶段，放松好，才能将局部能量迅速传递、分散至全身肌群存储起来。

实际上，在节奏性运动中，只有在刚点瞬间肌肉处于相对紧绷状态不需要放松，其他时刻都需要一定程度的放松，人体在运动中更多地保持在弹性状态。放松，顺势而动是节奏性运动的重要技巧。

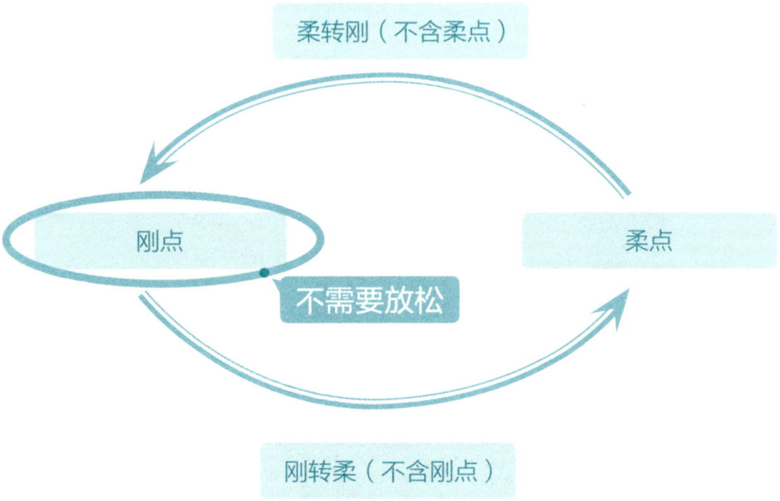

行意合一的意识

意识，听起来好像有点悬，但在行意合一状态下，人的意识与动作是同步的。归纳起来，人在行意合一时，心理意识会有这样三个特征：享受、专注和连贯。

享受

在行意合一的状态下，人的心情是兴奋和愉悦的，整个运动过程是享受的。“体验活动即动机本身”是其典型特征。

去打球是因为喜欢打球，而非为了健康长寿或者减肥等其他原因；下午5点开始跑步不是专家说此刻跑步好，而是坐不住了，不管自己在做什么，都会自动地停下来，好像生物钟提醒自己跑步时间到了，然后双脚非常自觉地向外走……

吴京（导演、演员）讲述其练拳的愉悦感时曾说：

“一次夜深人静，大操场上，昏暗的灯光，唯有蟋蟀的声音。

“我独自练习太极拳，一套练完收势时，没有想，又顺带开始了，如此循环，共计三次才结束。

“每一套练完收势后的重新开始完全是无意识的，不知不觉间就延续下来了，这就是我产生的心流体验，其实也就是我们常说的忘我状态。在忘我状态，我始终感受着一种贯穿身体的力量，感受着力量（此处的力量与物理学中的力量不同，这里其实指的是劲路，是指顺势而动时贯穿身体的能量流，走路、跑步时，大小腿就是顺着这种力量自然摆动的，所以很轻松）在身体内走完（同一动作），感受着力量在不同动作之间的连贯延续，这种贯穿性力量的感受能产生无限快感。

“拍《太极宗师》，我去陈家沟训练时就很容易产生这种感觉。”

类似吴京这种练着练着就停不下来了在很多人的运动中也屡见不鲜。大家在探讨行意合一时，会听到这样的感受：

“持续大步快走是因为感觉自己走起来就不想停下来，精神也特别好。”

“我持续跑步是因为止不住飞奔，有种停不下来的痴迷，越跑越精神，越跑越有劲！”

“之所以持续跳绳是因为跳到后来不觉得累了，竟然有点停不下来，真的有种停不下来的感觉。”

“持续往上爬楼是因为那个脚啊，不听使唤地往上踩。”

更重要的是人在行意合一时，运动还会让整个生活变得更加愉快！来听听这些实践者们的心声。

“跑步只是我生活的一部分，相比于每天7小时的工作和其他生活，显得那么微不足道。可是，跑步却又是我所有生活的中心，是一切力量和快乐的源泉，跑步使我的生活更具节奏感，更具激情和活力，让我的思维更加敏捷。如果缺少了跑步，我整天的生活都会萎靡不振。跑步，极大地提高了我的生活质量。”

“伴随着运动，自己的睡眠也正常了，也许运动之后睡得香甜是每个运动减肥的人都会有的感觉，但是这对我的意义很大，因为我的失眠很严重，经常到夜里两三点脑子还在高速运转，自从运动之后，我的失眠问题得到了很好的缓解，只要十几分钟就可以入睡。”

“运动让我变得更具活力，更加高效，精力更加集中，执行力增强，不再像以前那样拖拉了。”

反之，习惯了运动并达到行意合一状态的人，如果缺乏了相应运动，整体生活质量也会因此而打折扣，少了很多快乐。

“如果太忙，几天没有运动，就像缺了什么似的。那时候才真正体会到为什么很多男生喜欢到篮球场和足球场运动，因为运动之后那种浑身舒畅的感觉确实容易上瘾，有时候一天不运动就浑身不舒服。”

“我只要一周不跑步，生活就压抑了很多。”

“这种美好的感觉（练习太极拳），我一天也不能没有。”

总而言之，在行意合一的状态下，不管是运动过程还是整个生活，都会变得更加幸福、美好。

■ 专注

注意力高度集中，全神贯注于运动本身，只关注当下的活动，不在意其他人对自己的看法，这时的你，应该已经进入行意合一的状态了。

人们在专注时，未必会很享受，但是，当我们很享受某项活动时，一般是专注的，不会分心，也不愿意被打断。所以说专注是享受的必要条件。

与专注相反的是一心二用，甚至一心多用。不过，有研究表明，一心二用只是一种幻觉，其实是不断从一件事转换到另一件事。这些转换需要一定的时间，可以通过练习缩短时间，但不可能短到任意小的数值。每个人都可以通过练习提高这种转换速度。

但是不管如何练习，一心二用地做事情更容易导致出错，致使认知能力下降。

美国《实验心理学》杂志研究发现，当学生一边做复杂的数学题一边做其他事时要花费更长的时间，比专心做题慢了40%。

一心二用还会影响身体健康。

因此，建议大家还是专注一心地做事吧。

连贯

行意合一时，人的意识是连贯顺畅的，享受的是一个连续的过程。连贯主要有这样三个特征。

即时反馈

感受到运动的即时反馈，非常清楚自己在做什么。

目标明确

非常清楚每一步该怎么做。

掌控

高度掌控着整个运动过程。

其实就是对整个过程的各个细节都非常了解、清晰，任何时候都非常清楚自己做了什么，下一步该怎么做，并能轻松掌控，这样动作自然能非常连贯。

动作与意识要融为一体

人在行意合一时，动作与意识不是相互分开的，而是融为一体的。

首先，动作与意识是同步一致的。

不过在生活中很多时候，动作与意识常常是不同步的，一般是先有意识，后有动作。

比如，年轻人常常是先有起床上班的意识，然后才会起床。如果没有相应意识的引导，很多人常常会睡到很晚甚至中午才会起床。

行意合一时，动作和意识则是同步的，不需要思考就能完成，实际上已经形成了条件反射。就像自然行走时，正常人无须意识引导，大腿便能带动小腿自然摆动。

其次，心理所想正好是生理所需。

就如前文提及的那些运动者的感受：

“之所以想持续跑步是因为止不住飞奔，有种停不下来的痴迷，越跑越精神，越跑越有劲。之所以想持续往上爬楼是因为那个脚啊，不听使唤地往上踩……”

相反，意识与动作不一致时，心里想着爬楼，觉得力量无穷，腿却抬不起来。心里想着跑步，期望能一路狂奔，腿却像灌了铅似的走不动……

行意合一还有一个很大的优势就是能避免伤痛，行意不合容易导致各种意外发生，防不胜防。比如，没有人想着主动崴脚，但却时有发生。

本书作者之一丛远新曾经从楼梯往下快速跑动时，将脚踝扭伤，疼痛剧烈，并影响了接下来几天的日常行走。就是意识与行为不相合的后果，姿势未调整到位，脚已着地，导致受伤。

行意合一 VS 行意不合

	行意合一	行意不合
即将锻炼时	心想锻炼，身体也止不住想动，如有这样的想法：兴奋、坐不住，感觉憋了一身劲，忍不住想打球或跑步	心想锻炼，身体却懒洋洋的，提不起劲
锻炼过程	心想锻炼，身体也不由自主地运动，停不下来	心想锻炼，脚却累得抬不起来
跑步	心想跑步，腿止不住地飞奔	心想着一路狂奔，腿却像灌了铅一样
爬楼	心想爬楼，脚不听使唤地往上踩	心想着有无穷的力量，腿却抬着费劲
切菜	心想切好菜，实际切得也很好	心想切好菜，实际却切到手上
工作	工作时专心工作，玩乐时尽情玩乐	工作时想着玩乐，玩乐时忧虑工作

行意合一重要的不是外在的标准，而是内在的一致性。

行意合一不是什么高深的理论，而是人类与生俱来的天性，只是很多人在不断地攀比、征服等过程中迷失了自己，越走越远，越发遥不可及。其实只要我们静下心来聆听一下内心的需求，是很容易做到的。

下面这些天性是不是易于被常人发现却又常常被人遗忘。

首先，在体力体能允许的前提下，运动的整体性更易使人专注，精神振奋愉悦，这易于被遗忘，但也易于被感知。

研究人员调查发现，人们大步快走时精神更加振奋，而整体性强则是快走的根本特征。

再如，人们在打羽毛球、排球时，喜欢动用全身的力量来大力扣杀，这是运动者的普遍特征。

这些都说明，动作的整体性容易让人享受和专注，是容易被常人感知的普遍现象。

反过来，专注于运动，努力享受其中的乐趣，动作也自然会逐渐趋于整体性。

既然整体性的动作使人享受，令人欲罢不能，那么使之连贯持续下去，让享受变成一个持久的过程就是顺理成章的事情了。

因此，整体性、连贯性更容易促进享受、专注。专注于运动，努力享受其乐趣，反过来又会促使运动的整体性和连贯性，两者相辅相成、相互促进、相得益彰。

行意合一并不高深复杂，反倒极其简单，顺应本能就行了。

事实上，只要我们留意羽毛球、爬山等各种资深运动爱好者（为了运动而运动，而非为了减肥、长寿或者其他动机而运动），就会发现，他们的动作与意识的融合统一是普遍现象，“聆听”身体的声音，顺势为之，自然就会进入美妙的行意合一状态。

行意合一还是超越征服

相较于现代竞技体育运动的超越理念，行意合一更重视个体的完善。

行意合一 VS 超越征服

	行意合一	超越征服
相同	强调动作的整体性和连贯性	
相异	更注重肌肉和意识的和谐统一	更偏重肌肉的强化
	完善自我	超越自我
	适合终身性	适合年轻时
	达到整体性、连贯性后，转可持续性	不断超越和突破，更高、更快、更强
	注重横向发展：掌握单个技能后，举一反三，兼收并蓄，启迪整体生活	注重纵向发展：掌握单个技能后，精益求精，更上一层楼
	适合普通人	适合运动员竞技比赛（超越极限会消耗太多的精力和时间，还容易受伤）

不过，在现实中，两者却逐渐趋向统一。

大量的研究表明，越是顶尖的运动员反倒越是趋向行意合一化。因为不管如何去“超越”或者“征服”，运动员最终所能达到的只是完善自我，逼近生理极限，而非征服和超越自我。

所以，再厉害的运动员短跑速度都不及虎狼鹿马羊等各种野生动物，甚至连野猫或大狗都赶不上。人类终归无法超越自我的极限，短跑时努力蹬地拼命超越的反倒跑不快，最顶尖的短跑运动员蹬地力量反倒低于一流运动员，但因为更注重刚柔并济，达到了更好的行意合一状态，从而更好地完善了自我，所以跑得更快。

现在，行意合一的重要性已逐渐被现代教育界认可和推崇，并且已经逐渐渗透到心理、文化、教育等方面。

现代通识教育认为，健全的头脑依存于健全的体魄。“人”是一个完整的体系，包含肉体和心灵两部分，二者紧密联系，不可分割，且相互影响。

因此，不论是体育运动、心理学以及现代通识教育，都开始越发重视行意合一。

如何达到行意合一

上面说了这么多行意合一的好处，大家对行意合一应该也有了一个初步的了解了，但最关键的还是如何做到。

不同的途径，相同的结果

达到行意合一有两个途径。

第一 先做好动作的整体性和连贯性，然后逐渐完善意识的享受、专注和连贯，直至动作与意识融为一体。

第二　先努力做好意识的享受、专注和连贯，然后再逐渐完善动作，直至动作与意识融为一体。

快走、拖地、擦桌子等低耗能运动，可运用第一个途径，先努力做好动作的整体性和连贯性，再努力享受其中乐趣，直到动作与意识融为一体。

途径一

跑步、跳绳等高耗能运动，建议运用第二个途径，先确保能享受，再逐渐增大运动速度和时间（到自己能接受的最大值），直到动作与意识融为一体。

途径二

■ 循序渐进至熟能生巧

在达到行意合一的过程中，大家还要注意几点。

如果技能低、挑战高，会让人产生焦虑、紧张等情绪，还容易导致伤痛，对身心健康都不好，不可取。事实上，这也是制约太多超重者减肥成功的关键因素，一开始就给自己设置较高的运动目标，往往以痛苦、受伤、坚持不下来告终。

如果技能高、挑战低，会导致厌倦、无聊等情绪，而且，如果挑战总是过于简单会制约技能的提高。

因此，大家平日在运动时要注意保持个体技能与挑战的平衡，在此基础上循序渐进，逐渐趋于行意合一。

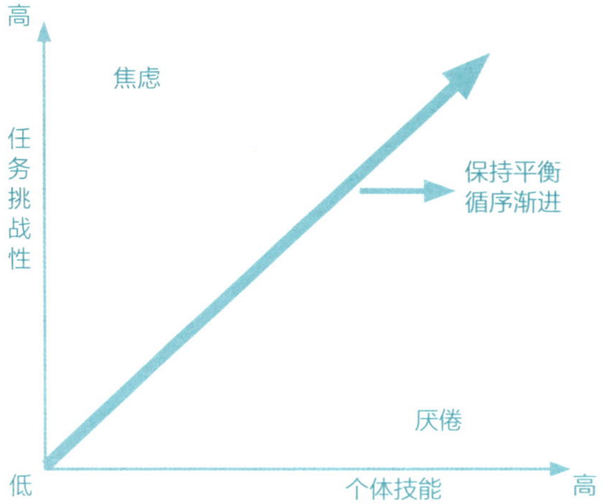

下面分享一位朋友的心得，他终于减肥成功了。

“刚开始减肥时，一下就把目标设定成跑步35分钟或更长时间，对我来说太难了，但是走路没有问题。我就从快走开始，不舒服的话，还可以先慢走，等没有问题后再跑，只要自己高兴就行，不要勉强自己……开始我每天大约走3千米，然后称体重。坚持了3个月左右，减下去6千克，腰围也缩小了6厘米，这是我第一次减下来这么多”。

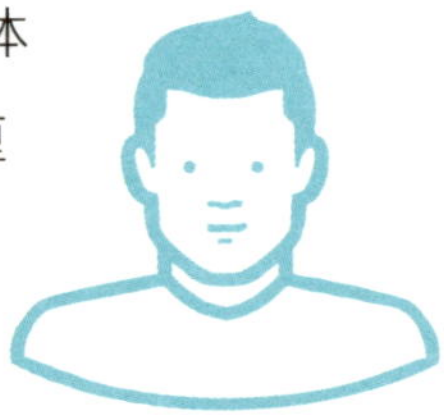

当个体技能和挑战性都达到较高水平时，人会逐渐产生最佳幸福心理——心流。当动作趋于全身连贯性或者能达到全身连贯性所能及的最大值时，开始转入熟能生巧的训练，如此，渐趋行意合一。

达到全身连贯性后转熟能生巧是行意合一的关键因素。

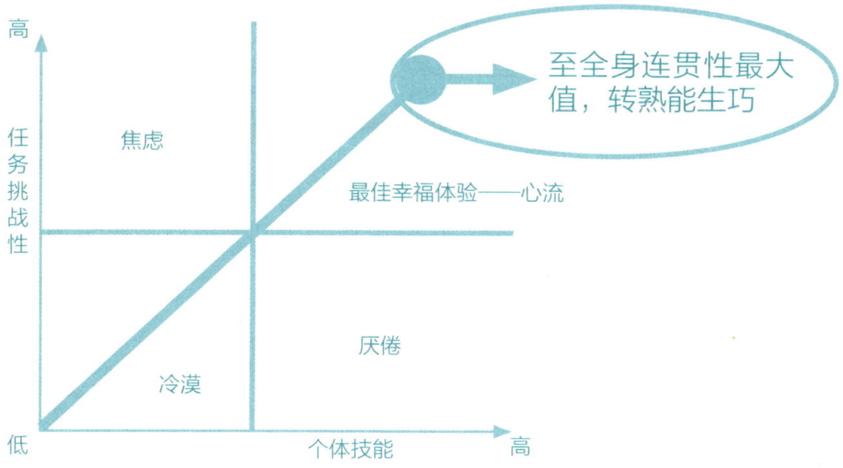

下面是一些武学家及习武者对熟能生巧的理解总结。

戚继光在《纪效新书》中总结梨花枪天下无敌的精髓时说："其妙在于熟之而已，熟则心能忘手，手能忘枪，圆神而不滞"。

张树德（形意拳名家）：方知手足动作，教练纯熟，不令而行也。

王宗岳《太极拳论》：阴阳相济，方为懂劲。懂劲后，愈练愈精，默识揣摩，渐至从心所欲。

吴殳《手臂录》（公认为是百兵之王大枪最为精要的论著）：行着甚多，岂能尽练？得其精要者数法，可以称"通微"矣！多而生，不若少而熟也。数着既熟，旋旋加之，以迄"神化"。

梁长兴（吴彬高徒，李连杰师兄，曾多次荣获形意拳全国武术冠军）曾说："相较于其他竞技体育，武术不太注重超越，更强调自我的完善，重视精气神形意力以及身心灵和谐统一。因此，武术练到一定程度后，往往侧重于熟练性和稳定性。

"从心理学上讲，动作熟练后，人会对时间、空间、力量等各个方面细节的感知变得非常清晰，细微的线索就能指引局部动作完成大的连锁动作，建立起内部指导程序，意识直接参与减少到最低限度，行为与意识趋于同步，动作及其体系'自动化'了，从而达到传统武术家所推崇的'行意合一''人枪合一'境界。

"从生理学上讲，练习的时间越长，动作就越熟练，能量在各环节之间的流转效率也越高，动作越发连贯顺畅，渐渐趋于最低能耗状态，动作质量越发稳定。熟练后，不同肢体间动作往往能以优美的连锁反应方式实现，也就是传统武术所强调的‘节节贯穿，势势相承’‘遍体气（能量流）流行，一定继续不能停’‘神气贯穿，绝不间断’。所谓的内气、内劲其实就是动作熟练后，能量流在体内的高效流转所致。

“高质量的熟练性和稳定性是我那时在北京武术队蝉联十次团体冠军的一个重要因素，在比赛选手实力相当、风格各异，裁判难以评判的情况下，谁的套路动作稳定性高，谁就获胜。”

■ 注意事项

看到这里，大家对行意合一已有了更深一步的了解，它并不高深，但也有一些特别需要注意的地方。

□ 需要长期的训练时间

有这样一种说法：任何人只要专注于一个领域

5年 可以成为专家

10年 可以成为权威

15年 就可以成为世界顶尖专家。

但如果只投入3分钟，就什么也不是。

运动也是如此，如快走的极致为竞走，一个顶尖的竞走运动员至少需要6年训练时间，一般是从青少年就开始训练了。

习武者则强调冬练三九、夏练三伏，练武是一辈子的事情。

长时间，未必就能掌握多好的技术，但若没有足够的时间投入，必定不能掌握很好的运动技能。

□　节奏不宜太快

大家不要把熟练与快等同起来，熟虽然能生巧，但并不代表快速，节奏太快反而不利于持久提高，原因有二。

一是，因为节奏太快会影响全身的协调性，导致肩、胯等启动偏慢的大肌群来不及启动，变成了臂、腿等小肌群的局部运动，刚开始动作不熟练的时候尤其如此。

根据运动生物力学原理，不论是上肢还是下肢，肌肉横断面都是离躯干越远越小，即：

肩＞肘＞腕

髋＞膝＞踝

其中，肩、髋关节肌群截面大，力量也大，但启动速度慢，腕、踝关节截面小，力量也小，但启动速度快。

如果太急，人们常常来不及启动肩、髋关键肌群，往往就剩下了臂、腿、腕、踝等小关节肌群的运动。比如，蹬地或者摆腿太急，往往髋关节肌群来不及反应，只剩下大小腿运动。打羽毛球或者网球时，如果速度太快，肩关节往往来不及启动，只能依靠手臂发力，这样击球力量就会变小。

而且，肩胯合一、上下相随也需要时间，太快了也来不及协调。

二是，节奏太快不利于放松，只有充分放松好，各环节才能充分感受到传递过来的能量流，顺势而动，做到上下一气流转，内外一气贯通。

比如，向上爬楼时，最好一步两个台阶，这样有充分的放松和协调时间。练习羽毛球时，建议从单打开始，因为双打节奏太快，缺乏放松时间，不利充分发力，难以练好扣杀技术。

请大家一定要注意，一开始节奏太快看似有利实战，有利短期内快速提高，但只要肩、胯等大关节肌群协调不起来，就提高不到很高的层次。所以，很多业余运动爱好者到了一定层次后就很难提高了，节奏快是其中一个重要原因。

2005年苏迪曼杯混合团体羽毛球赛期间，国际羽联采用微波传感器测试球速，在小组赛的男双比赛中，傅海峰（中国队首次获得奥运会男双金牌的运动员之一）以一记时速332千米/小时的扣杀，创下拍类运动球速之最。

傅海峰在分享自己练球经验时提到，开始时，他有近两个月的时间，仅挥球拍而不接触羽毛球，看似慢，但是动作正确了，之后持续提高，后劲源源不断，终于达到顶尖水平。

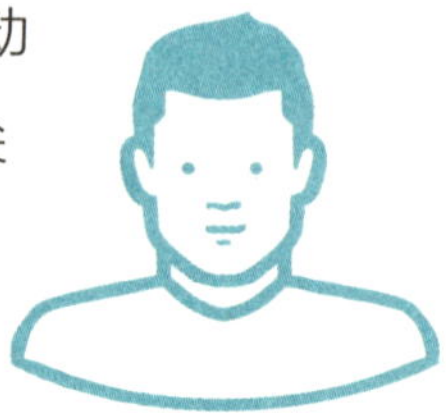

□ 注意勤练而非久练

这一点对于很多人来说可能是个好消息，在锻炼过程中，宜多练、勤练，而不宜久练。一次练习的时间过长往往只能导致痛苦、低效的疲劳战，多数会以失败告终。

一旦锻炼时间太久，一方面会导致刚度和力度下降，另一方面会导致动作变形，不顺畅。

可能有些人会认为一次锻炼时间长一点，健身效果更好，但实际上，练习时间太长了，就只剩下少数耐力较高的肌肉在工作了，整个身体反倒得不到均衡的锻炼，而且感觉也不好，既不酣畅，也不顺心。

另外，有研究表明，从健身的角度来说，勤锻炼，比一下子锻炼很久的价值也要高得多。

因此，只要条件允许，应顺应自身感觉，以最好的状态锻炼，努力享受释放激情的酣畅快感，在不知不觉中不断提升修为境界，使得我们的身心健康最大程度地受益。

随意延长跑步、打球等时间，痛苦地坚持，既不利于提高动作质量，也不利于提高健身质量，很不可取。

即使是柔缓的太极拳也是如此，武学研究家徐震在论述太极拳练法时强调："初学时动作未练熟，肢体未练顺，演架（练习套路）时易于疲乏。稍觉疲乏，宜休息片时再练，不可勉强。已感疲乏，尚不休息，勉强支撑，易至僵滞。习惯一成，殆难改易，则与太极拳之理法悖矣。"

行意合一——人类核心课程史上的里程碑

行意合一是综合了太极拳、形意拳、枪、棍等传统武术和现代心理学心流理论提炼出来的核心理论知识体系，对羽毛球、跳绳、单杠引体向上、洗衣、切菜、拖地等节奏性的运动、动作具有一定适用性，以此指导运动更容易产生快乐，故而本书将此作为运动的“核心课程”介绍给广大读者。

■ 核心课程简述

所谓“核心课程”

核心课程是现代高等教育理念，着重培养个性饱满、思想成熟的完善的人，而非具有单一技能的专家。哈佛大学、斯坦福大学等高校认为，培养“全人”比培养“工匠”更为重要，大学不仅需要传授专业知识，更需要引导学生形成一种利于终身学习的思维，核心课程因此而生。

核心课程综合了传统各独立学科中的基本内容，旨在向所有学生提供共同的知识背景。核心课程不仅强调知识的广度，更强调知识的横向联系，强调课程的整合，强调普世意义和永恒价值（能代代相传，不因时过境迁而失去价值）。

然而，由于核心课程理论建立时间只有短短几十年，尚未能实现其所推崇的普世意义和永恒价值，哈佛大学、斯坦福大学的核心课程仍在改进中，未能被普遍采纳，国内清华大学、北京大学、复旦大学等高校仍在探索中。

现代奥林匹克的创始人顾拜旦也提出过类似核心课程的理念，他创办现代奥林匹克的初衷是“最好地完善人性”，希望运动员能“举一反三，将特定运动时的卓越才华转移到所有活动中去”。从而完善一个多才艺的成熟、饱满的个体。他认为，“体育运动应该全方位兼收并蓄”“将不同类型的体育运动相互靠近，相互结合，赞颂它们因反差而别开生面，因相似而珠联璧合……”奥林匹克主义“反对将不同的锻炼方式视为独立的、自成一体的单项运动”，否则将会陷入“最无成效可言的专业化泥潭当中”。

不过遗憾的是，现代奥运会并没有充分体现顾拜旦的初衷。

行意合一理论的形成

非常有意思的是，中国传统文化早就有类似核心课程的教育理念了，受传统文化影响，武术先贤早已跳出了“专业化泥潭”的束缚，实现了举一反三、兼收并蓄的功能，并且与兵法、儒、道结合起来，以进一步启迪智慧。

尽管刀、枪、剑、棍等诸多兵器在使用时各不相同，比如，“剑走青（轻灵），刀走黑（大劈大砍）”“枪扎一条线，棍打一大片”。但是俞大猷、戚继光等武学大家发现，刀、枪、剑、棍等各器械之间具有相通性，遵循着一定的共同的客观规律。

如俞大猷在著作《剑经》中指出，如能练好棍法，其他武艺都能因此相通：“用棍如读四书，钩、刀、枪、钯，如各习一经，四书既明，六经之理亦明矣。若能棍，则各利器之法从此得矣”。

戚继光在《纪效新书》中指出，俞大猷《剑经》所载棍法精妙之处同样适用于长枪等各类器械，效果极佳：“向见总戎俞公以棍示余，其妙处已备载剑经内……其最妙者只在一得手之后，便一拿一戳……不惟棍法，虽长枪各色之器械，俱当依此法也。近以此法教长枪，收明效，极妙极妙”。

后来的枪术大家吴殳最推崇大枪，认为“枪为诸器之王”“诸器遇枪立败”“真枪，手手杀人，敌未有能至一丈内者”。但吴殳同样强调诸艺相通，高手可以做到“棍、棒、刀、牌，入手皆化枪法”，事实上，对吴殳等武学大家而言，这也是必然性结果，因为吴殳直接将俞大猷《剑经》中的八条棍诀引用到枪法中来了。

…… ……

这种相通性可谓是用无数军人的鲜血和生命凝聚而成，而且是经过大量战斗检验过的，极具实用价值和推广优势，戚继光、俞大猷又都是久经战场功勋卓著的大英雄，故这些武学理论很快传播开来，并被后世奉为经典。

后世王宗岳基于武学相通的道理，将枪、剑、棍等先进理论成功引入其中，并融合了儒、道及兵法理论，创编了著名的《太极拳论》(尽管太极拳起源有争议，但五大流派都公推《太极拳论》为理论源头)。

虽然战场上生死搏杀技术理念离普通人有点远，但它却可以为人们锻炼身体所用，还能为地球之外的太空宇航员提供一种很好的锻炼方式，这就是传统武学的神奇之处。

本书的行意合一理论即是受上述思想的启发而建立起来的，对跑步、篮球、羽毛球等各种运动具有普遍的启发意义。

行意合一的里程碑意义

前文已说过，由于时间太短，目前世界各高校所建立的核心课程尚未达到理想状态，但凝聚了上千年不同拳术和器械精髓的行意合一理论达到了。

第一 行意合一综合了太极拳、形意拳、枪、棍等传统武术以及儒学、兵法的基本内容，实现了知识的横向联系和整合，具有普世价值及永恒性。

如行意合一强调动作的整体性，强调“蓄劲如张弓”，该技术适用于篮球、排球、羽毛球、跑步等多种体育运动。

再如，行意合一强调动作的连贯性，出现刚柔、动静、快慢的节奏性变化，这也适用于走、跑、打球等大量的节奏性运动。

由于行意合一符合运动生物力学规律，因此具有永恒的作用，能代代相传，不因时过境迁而失去价值。

第二 行意合一对普通人具有可持续性和终身性的指导意义。

“蓄劲如张弓”，适合单杠、双杠、篮球、排球等体育运动

行意合一重视在走、跑、打球、洗衣、拖地等各种运动和家务劳动中的应用，适合普通民众用来锻炼身体、愉悦身心和提高生活质量。

相较于现代奥林匹克运动之“更高、更快、更强”的理念，行意合一理念更强调技术的完善，强调动作的整体性（而非身体极限的突破），既能使身体受到最充分的锻炼，还能从最大程度上避免伤痛风险，具有广泛的适用性和终身可持续性。

第三 行意合一重视培养“全人”，而非单一技能，重知识更重思维，而且是终身学习的思维，因此，行意合一理论更利于塑造健全人格，是很理想的核心课程。

健康方面	行意合一强调整体性，显然比局部性锻炼更能使全身受到充分锻炼，所以能提供最佳锻炼效果。科学证据也充分支持这一点，整体性锻炼强度更高，可以使行走、拖地等各种活动达到中等强度以上，大量科学证据都表明，坚持每周150~300分钟的中等强度有氧身体活动（或者75~150分钟高强度有氧身体活动或者两种活动量组合）有助降低心脏病、糖尿病、高血压以及多种癌症等疾病的风险，长寿概率更高。
情绪方面	行意合一使运动变成很好的享受，甚至令人为之痴迷、疯狂，从而让人们的身心都得到了锻炼。
运动项目而言	行意合一强调兼收并蓄，与行走、跳绳、骑行、拖地等各种运动广泛结合，非常实用。

行意合一提供的智慧，使得普通人获得幸福的途径更加多元，获得健康的方式更加快乐持久，让人的生命质量更好，让生活变得更加美好。

行意合一做到了“全人”培养，能面向所有学生提供共同的知识背景，实现了知识的横向联系和整合，且具有普世意义和永恒价值，所以说是核心课程史上的里程碑。

第三章

行意合一之实践应用

英国哲学家、数学家、社会学家，诺贝尔文学奖得主波特兰·罗素说：“快乐的秘诀是让你的兴趣尽可能扩扎，让你对人和事物的反应尽可能出自善意而非恶意的兴趣。一个人感兴趣的事情越多，快乐的机会也就越多，而受命运摆布的可能性也就越小，因为若他不能享受某一种快乐，还可享受另一种快乐”。

中国、美国、加拿大、澳大利亚以及世界卫生组织的身体活动指南都建议，应充分利用快走、跑步、爬楼、骑车等各种运动锻炼身体，这样才容易达到必要的运动量，降低患高血压、心脏病、糖尿病、癌症等各种疾病的风险，让人们更健康长寿。

而行意合一则是将各种身体活动（包括洗衣、拖地等家务劳动）变成美妙享受的诀窍，不仅易于获得幸福生活，还提升了健康水平。

下面将具体介绍多种日常生活中大家常做的运动及家务劳动，如何做才能达到行意合一的状态。

走路

走路是最常见的运动了，也是最实用的。快走被世界卫生组织《关于身体活动有益健康的全球建议》和《美国人身体活动指南》第二版推荐为有利身体健康的有氧身体活动。

走路为人之本能，对一般人来说，尽量快走，感受其乐趣，顺势保持在快乐状态，久了自然能达到行意合一状态。

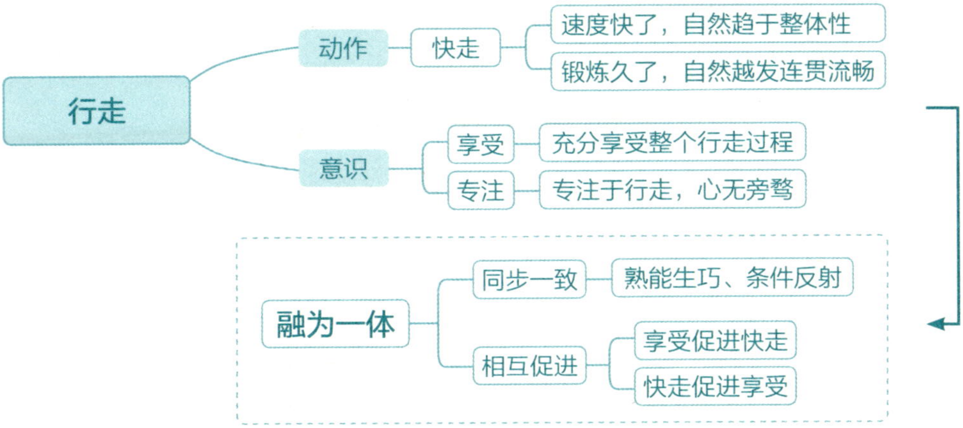

行意合一的动作

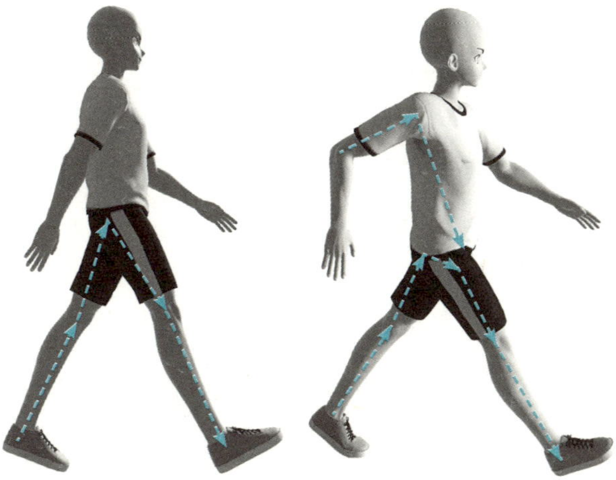

左图为速度较慢的自然慢走，仅大小腿摆动，右图为整体运动，肩胯合一也参与到运动中

行走速度越快，动作自然越发趋于整体全身性。研究表明，人类能自动优化走路技术，在一定速度下，身体会本能地优化到最佳节能省力状态，速度较慢时，会本能地拒绝运用全身各肌群促进行走，反之，则会趋于整体全身性运动。多练习，自然更连贯顺畅。

对于大众来说，走路凭本能就能掌握相应技术。如果一定要讲究一些细节的话，可以注意这些地方。

动作的整体性。

1 行走时转动骨盆，可以将步幅提至最大值。

2 快速有力地摆动摆动腿同侧肩、臂，促使摆动腿步频达到最大值。

本书把这两点概括为肩胯合一（仅针对快走）。

但也有很多人不喜欢这种快走方式，在还没有达到肩胯合一地步时，动作就变成跑步了。因此快走技术因人而异，自己舒服愉快就行。

动作的连贯性在于顺势而动，摆动腿顺着支撑腿蹬地传递过来的能量摆动，在摆动腿即将摆动的瞬间，摆动腿同侧肩臂快速反向摆动可以进一步促进摆动腿的步频。

■ 意识

专注一心，充分享受行走过程。走路也是一件可以让人上瘾的事。

■ 动作与意识融为一体

想让动作与意识融为一体，有两个特征条件：同步一致和相互促进。

同步一致，即动作与意识同步完成（日常生活中，动作与意识常常不同步，一般是先有意识，后有动作），且非常一致（所做正好是所想）。

快走对于大家来说是很简单的，正常人在很小的时候学会走路后，就已经形成条件反射了，快走，就是加快一些速度而已，所以动作与意识趋于同步一致基本上都能做到。

所谓相互促进，就是快走的动作正好有利于促进人们意识的享受，使人摒弃杂念专注于快走本身，而意识的享受和专注正好又能反过来促进快走动作。

简单来说，就是选择能让自己享受的行走动作，因为一旦享受了，自然希望将运动坚持下去，从而使得动作与意识可以相互促进，而适宜的快走正好能让人产生享受意识，这已被研究所证实。

如果速度过快或者很慢，则难以产生充分的享受意识（甚至会产生痛苦），毅力不够坚强的普通人往往难以将行走运动坚持下去，此时行走动作和意识就不能相互促进了，甚至会相互牵掣。

行意合一的体验

下面是进行快走运动的一些朋友的心得体会。

“我都是走大步，尽量迈到最大步幅，感觉走起来都不想停下来，精神也会很好。”

“今天晚上，我去快走了，走了25分钟，都出汗了，本来想走路能出汗吗？但走到最后，真的出汗了，而且，还感觉神清气爽的，走到感觉自己的脖子可以挺直，身体可以走得很轻盈。”

“今天去超市买东西，故意加快速度，昂头挺胸地走，虽然感觉有点累，但是精神很好，后来坐在轻轨车上，很放松，竟然睡着了，这应该算是张弛有道吧。慢慢适应行如风，坐如钟，淡定的滋味！”

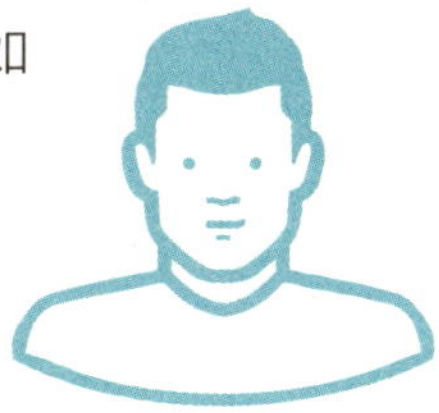

至行意合一的过程

以自己舒服的节奏快走，逐渐加速，循序渐进，久了自然会趋于行意合一。

需要注意的是，尽量避免疲劳战，可以多练习，不宜一次性锻炼太久。一旦疲劳后，动作变形，就剩下少数大肌群的运动了。动作不顺，人也难受。而且，也无法使整个身体得到充分锻炼。

很多讨厌运动的超重人士往往坚持2周就能充分享受到快走的乐趣。

行意不合的典型表现

走得太快而焦虑；走得太慢而感到厌倦、无聊；身体跟不上意识，感觉很累；快走技术不精，动作不顺畅，觉得别扭。

日常慢走 VS 行意合一状态下的行走

行意合一的典型特征是速度快，能使整个心肺受到充分锻炼。

日常慢走	行意合一状态下的行走
散步	快走
摆动腿摆动	摆动腿摆动
骨盆相关肌群几乎不动	摆动腿同侧骨盆向前、向下扭转，增大步幅
肩、臂只有自然摆动调节平衡	摆动腿同侧肩、臂向后上方有力摆动，促进步幅
	提顶
	拔背
往往只有上肺能得到锻炼	气沉丹田（腹式呼吸），整个肺部都得到了锻炼
	腹、臀肌群紧密收缩在脊柱中线上
整个脊柱肌群相对放松，更接近于低头弯腰的C形	脊柱被对拔拉长，更挺拔、高挑
情绪偏低或者自然	情绪高、快乐

VS

行意合一的作用

首先，行意合一要求快走，可以让身心得到更加充分的锻炼，使行走强度达到中等强度有氧锻炼水平，世界卫生组织《关于身体活动有益健康的全球建议》中强调，每周150分钟以上的中等强度有氧身体活动可以大大降低患冠心病、高血压、

2型糖尿病、多种癌症等各种疾病风险，延年益寿。而快走是普通人最容易实现的运动，所以有相当多的机构都对快走是否有益长寿进行了研究。

美国多家知名医疗机构选取了3000名年龄在70~79岁的老年人作为测试样本，进行了一项长约5年的联合研究。结果表明，行走快捷者寿命更长。行走吃力且缓慢的老年人与那些行走速度比他们快25%的老年人相比，患病死亡的可能性要高出3倍，他们患心脏病以及瘫痪的可能性也高出很多。

美国匹兹堡大学的研究人员对近五百名老年人进行了大约10年的追踪调查，数据显示，10年间走路慢的人死亡率是77%，中速的人中有50%的死亡率，而走路速度快的人中，只有27%的人死亡。研究人员称，该调查揭示出行走速度是寿命长短的“预警器”，即使在身体健康的人身上也同样适用。

需要说明的是，这并不能表示行走越快越健康长寿，原因很有可能是因为坚持快走的人更容易达到每周150分钟以上的中等强度有氧身体活动，从而降低了患各种疾病的风险，从而延年益寿。

对于有跑步、打球等其他足够中等强度有氧身体活动的人来说，快走就未必有这么好的效果了，研究表明，中等强度有氧活动超过了每周300分钟后，增加部分的运动量效果并不明显。

所以建议大家，快走锻炼可遵循世界卫生组织《关于身体活动有益健康的全球建议》的大原则，每周中等强度有氧身体活动保持在150~300分钟为宜。**没有必要为了锻炼而特别增加运动时间。**

不要忘记，适量的运动是会给身体带来健康，但“心甘情愿”也很重要。

跑步

跑步也是人之本能，是世界卫生组织《关于身体活动有益健康的全球建议》推荐的常规运动之一。不过，很多人只知道不同的跑步速度、强度等会导致痛苦、焦虑、无聊等各种不好的情绪，却不知道跑步还可以带来无比的快乐，更不知道跑步还能让人欲罢不能，无比痴迷。

我们建议跑步时注意“聆听”身体的不同感受，选择自己最喜欢的速度和运动量等，坚持下去，精益求精，渐至行意合一。

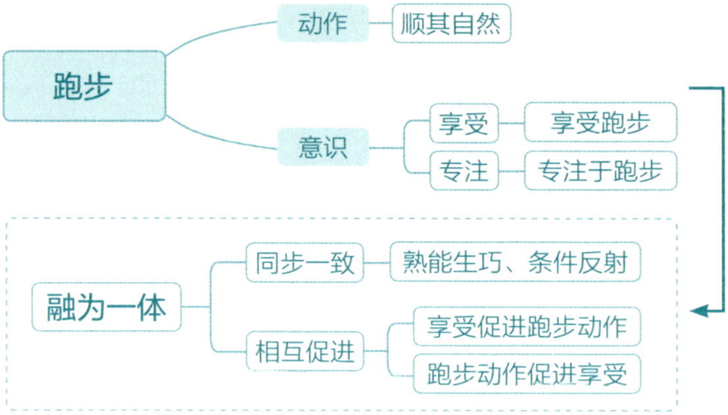

相较于走路，跑步时，腹部、臀部内收得更紧，因此，跑步有塑造平滑小腹的作用。

■ 行意合一的动作

跑步时的动作建议顺其自然即可。

理论上，跑步速度越快，越趋于整体全身性，全力冲刺可以达到极致。

实际上，普通人在日常锻炼时，只要跑起来，一般都能让心肺功能得到锻炼，全身也会得到充分锻炼，因此跑步动作顺其自然即可。

TIPS

关于跑步技术，本书建议顺其自然，这是根据普通人的统计数据得来的。

实际上，跑步技术存在着大量争议，有建议用前脚掌着地的，有建议用脚后跟着地的，有建议高频小步幅的，有建议大步幅的，为此，本书作者之一丛远新先生特地请教了前国家队马拉松教练陶绍明老师，附上对话供大家参考。

Q 丛远新：陶老师好，仅就跑步动作而言，是不是整体全身性为宜？比如说，转动骨盆、积极摆动肩、臂可以跑得更快，可让整个身体得到最大程度上的锻炼，顶级短跑运动员都善用全身肌肉跑步。

A 陶绍明：没必要，常人跑步更多的是体能性运动，舒服就行，能符合有氧运动标准就更佳了。

Q 丛远新：长跑时应该是前脚掌先着地还是脚后跟先着地？可否就步频、步幅等技术谈谈您的看法？

A 陶绍明：没有特定的正确模式，每个人都不一样，有的人腿细长，有的人腿粗壮，适合自己的才是最好的。同一个人，不同的跑速对应的着地方式以及步幅、步速也会跟着改变，顺其自然，舒服为宜。

总的来说，动作轻盈，并注意弹性和流畅性，这有助提高跑步质量。

另外，注意缓冲，以防止膝盖受伤，尤其是在水泥地等硬质地面跑步时。

Q 丛远新：您觉得普通人跑步最关键的注意事项在哪里？

A 陶绍明：循序渐进，量力而行，留有余地。

循序渐进最关键，突然性的高强度、大运动量不利身体健康，还容易受伤，并不可持续。对新手来说，应该从小运动量慢跑开始（如慢跑 2 千米或更少），等心、肺、肌肉、关节功能增强，并适应了既有的强度，再慢慢增加运动强度和运动量。量力而行和留有余地，指的是要跑得很舒服、愉快，心、肺、肌肉、关节等没有什么不适，如果跑完后还能非常精神地从事工作或者学习就更好了。

总而言之，很多人只看到跑步枯燥、痛苦甚至受伤的弊端，其实，这是跑步方式不当所致。只要做到循序渐进、量力而行、留有余地，跑步同样可以很快乐，很上瘾，让人欲罢不能。实际上，我状态不好时，常常用跑步调节，效果立竿见影，紧张、压抑的情绪会烟消云散，当然，状态好时，我也会跑步，跑得更加尽兴、欢快。

Q 丛远新：您都是怎么跑步的？每周跑几次？还有其他喜欢的运动吗？

A 陶绍明：我不确定，每周3~5次，每次5~10千米，具体看时间安排和状态吧，我还喜欢打网球。心情不佳时，跑步调节心情很有效。

Q 丛远新：可否谈谈您对目前国内人们运动现状的看法？

A 陶绍明：不尽人意，我们还有非常大的发展空间。

运动是人类与生俱来的技能，运动锻炼有助培养健全的人格，一般认为，合理的运动能促进身体健康，增强自信，培养团队合作意识和交际能力。

因此，欧美、日本等发达国家特别重视运动。在美国，体育教育是放在第一位的，学校招生时往往都是先介绍体育，再介绍其他学科。美国重视体育对人的启蒙、改造和提高作用。打一个不太恰当的比方，如果一个人是拖拉机，那么，运动改造后可以成为飞机，运动的作用常常超出我们的想象，但也总被我们忽视。

意识

专注于跑步，享受跑步过程。

享受的一个诀窍在于运动量不能太大，要循序渐进增加速度和强度。

动作与意识融为一体

动作与意识融为一体的特征是同步一致和相互促进。

动作与意识如何融为一体，在前面介绍走路时已有讲过，后面介绍的各种动作也都有这两个特征。只要反复练习跑步，自然熟能生巧，形成条件反射，动作与意识就会趋于同步一致。

另外，还要注意避免疲劳战，否则会导致动作不可控，动作与意识则难以保持在一致状态。

心无杂念地跑步，则跑步的动作会促进意识的享受，人在享受和专注时，又会促进跑步的动作，形成良性循环。

相互促进的关键在于搞清让自己最享受的速度和强度等，并顺势调整至相应状态。

行意合一的体验

下面是一些朋友跑步进入行意合一状态后的感受。

“每次跑到800米时，就会变得特别兴奋，止不住飞奔，一切烦恼都烟消云散。”

“跑着跑着，就有一种停不下来的痴迷，不仅仅身体有轻快飘逸的感觉，就连整个情绪和心境也兴奋不已！”

“每次跑完，整个人就像受了一次洗礼，开心不开心的事情都会淡化下来，多余的精力被释放，思维的活跃性也被无形地调动起来。很喜欢那种很舒畅很通透的极致感觉，再大的压力，再烦的心事都能抛得一干二净。”

“跑到6千米左右开始很兴奋，感觉能量无穷，止不住地飞奔，常把路边的自行车和电动车速度给比下去。”

“每次跑到一定程度后，就会不自觉地沉迷于其中，就像痴迷于游戏一样，仿佛全世界都消失了，所不同的是游戏玩完后，往往剩下的是空虚和疲惫，跑步后收获的则是无比的充实和平和。”

“跑到10千米的出汗量非常大，但之后休息时异常轻松和安谧，晚上上床后，那种惬意无法形容。”

“跑步时，我情绪高涨，抑郁的情绪消失得无影无踪，跑完之后还特清醒、精神，晚上睡眠也特好。”

“心情不好时，武装好自己，撒开腿儿跑起来，一切烦恼便会随汗蒸发，随风飘逝，快哉！”

“最近几天非常繁忙，累到自己感觉腰都直不起来了，心情很烦躁，于是去了操场，跑了几圈，第一圈嗓子冒烟，走了一圈，缓过来了，第二圈跑完，没有不适的感觉了，心里变得平静了，甚至仰望星空，有点愉悦的感觉，就这样美滋滋地走回宿舍。喜欢这种身体可以挺直了，呼吸顺畅的感觉。”

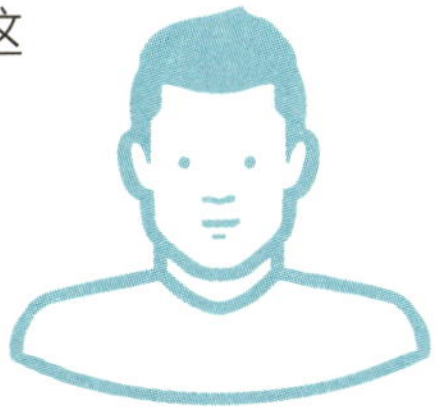

至行意合一的过程

就跑步而言，达到行意合一的关键在于意识的享受，建议采用途径二（见第61页）。

首先将跑步调整到最佳享受状态（或者说最不痛苦的状态），在此基础上，逐渐增加速度和时间，让享受过程来得更加强烈和持久，逐渐至身体所能达到的最大值，然后慢慢熟能生巧，从而使动作与意识融为一体。需要注意的是，增加速度和时间是为了增强享受的感觉，所以要“聆听”身体的感觉，循序渐进，否则会适得其反，让跑步变得很痛苦，还容易受伤。

总而言之，在整个提高过程中，跑步是越发让人享受的。

再强调一下，需要注意以下三点。

一是 要循序渐进，不能急于求成。

对普通人来说，如果急于求成，就得以较低的技能应付较高的挑战，这样容易焦虑、紧张甚至受伤，不可取。

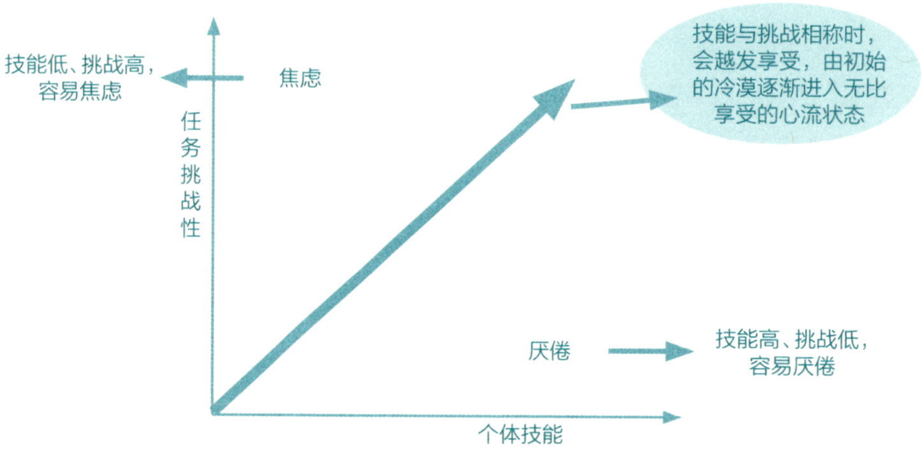

二是　要沉住气，记住“好戏在后头”。

对一般人来说，只有达到较高技能，且技能与挑战相称时，才会产生无比美妙的幸福感（心流体验）。所以，对技能较差的人来说，一开始跑步时可能会很难找到美妙的感觉，这时候要沉住气，循序渐进，慢慢地自然会越发享受，甚至为之疯狂。

实际上，很多一开始快走都嫌累的超重者，坚持慢跑2周后就能找到很享受的感觉了。

三是　宜勤跑，少久跑。

体力体能偏差的人能享受跑步的时间往往偏短，可以休息一会儿继续跑，间隔进行。这样容易进步，疲劳战不利进步。刚开始跑步时，可以跑一天，走一天，或者跑一天，歇一天，效果可能比天天跑更好。

■ 行意不合的典型表现

会出现焦虑、紧张、无聊、厌倦等情绪；心里想着力量无穷，脚却迈不动步，出现心跳过快、气喘不支、头疼等症状。

■ 行意合一的作用

对一般大众来说，行意合一的最大作用就是让跑步变得无比快乐，令人欲罢不能，为之疯狂，从而使得坚持跑步变成一件很容易的事情。

一旦享受了跑步，就能轻易达到世界卫生组织《关于身体活动有益健康的全球建议》或中国《全民健身指南》所推荐的维持身体健康的运动量，不仅能愉悦心情，缓解焦虑，而且罹患心脏病、高血压、2型糖尿病以及某些癌症等疾病的概率也会大大降低，让人们健康地长寿。

题外话

跑步与毅力

本书强调行意合一，不推荐靠毅力坚持锻炼，但也不反对。不过，提醒一下很多注重毅力、意志训练的朋友们，毅力磨炼往往会导致其后的毅力比常人更差，易情绪失控，还容易导致身体受伤，甚至猝死。

对欲望的克制以及对疲劳、痛苦等的忍耐一般被称为毅力、意志。毅力、意志可以通过训练得到一定增强，比如跑马（马拉松，一项长跑比赛，距离是42.195千米）活动就将这种毅力、意志的磨炼发挥到了极致。

强化毅力、意志无可厚非，在一定情况下是有必要的。健康、快乐固然重要，但却不能完全为了健康、快乐而活，适度的牺牲也是必要的。只是很多人只知其利，不知其弊，最终往往难免为其所累，付出各种伤痛甚至致命的代价，这是非常可惜的。

这里介绍一下强化毅力、意志可能产生的弊端，仅供读者参考。

如果只是想磨炼毅力、意志，跑马拉松有可能危害身体健康。

2015年发生了多起马拉松活动猝死事件，其中包括一名退役特种兵。2016年清远马拉松赛，近2万跑友参加，接受救治总人数为12208人次。

2010年的加拿大心血管峰会公布过一项研究数据表明，虽然经常锻炼能降低30%~50%患心血管病的风险，然而如果是跑马拉松，心血管病发病的危险会提高7倍。

比利时一所大学的研究人员发现，参与马拉松等长时间耐力运动的人容易令右心室受损，很难恢复，会增加患心脏病的概率。

总的来说，过于强化毅力最大的弊端是导致行意不合，最终对身体和意志的控制能力反倒比一般人更差。

科学研究发现，努力强迫自己吃萝卜而非喜欢的巧克力的人，随后遇到无解的难题时会更快放弃。看过令人心烦意乱的电影后，努力控制自己情绪的人其体力明显减弱。

如果是强化熬夜的毅力，那么，对情绪的影响更是全方位的，甚至会导致情绪完全失控，身心严重不合。

短期的坚强有可能导致长远的脆弱，这一点广大读者必须清楚，强化毅力常常是工作、学习等所必须的，但应明白其利弊，趋利避害，在脆弱时保护好自己。

爬楼

爬楼是最易产生快乐的运动之一，是不是有点出乎意料？很多人提起爬楼首先想到的是太累、太枯燥，确实对于人体来说垂直位移越大，耗能越高。但是，只要方法得当，耗能越高的反倒越容易产生快感，只要开始，快乐马上就能飞涨！

爬楼为《美国人身体活动指南》第二版推荐的高强度身体活动，具有很好的锻炼效果和实用性。

■ 行意合一的动作（往上走的爬楼）

爬楼谁都会，但想爬得高兴需要注意两点。

第一 步子要大，一步走2~3个台阶（体力、体能允许的情况下）。

这是因为步子大自然会让身体受到充分锻炼，有助于人体充分转动骨盆，协调肩、胯，促使心肺充分锻炼好。

此外，步子大更利于刚柔并济，对于常人来说，一步一个台阶不易做到刚柔并济，蹬地充分了，往往来不及刚转柔，导致着地重（所以，很多人往上爬楼时有着类似跺脚的动作），久了对膝盖不利。如果实现了刚转柔，则难以蹬地充分因为动作不够开展，感觉费劲，很累（动作越开，蹬地越省力）。所以一步可以多迈一两个台阶。

一步迈两个台阶，让身体有更多的时间打开，注意开则俱开

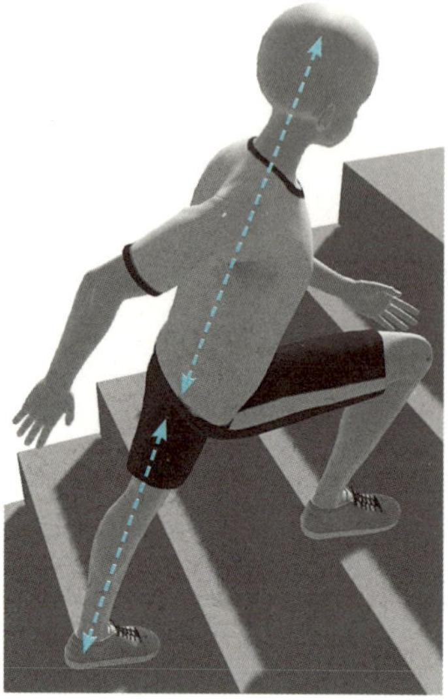

第二　注意“开则俱开”，充分将腿蹬直，将脊柱伸展开。

关键是支撑腿充分蹬直，另外还得注意躯干要挺拔（提顶、拔背、收腹、敛臀、气沉丹田，整个S形脊柱往上伸展），这样做一方面蹬地更加有力，另一方面可以更好地保持平衡，防止身体摇摆，“开（刚）时气势饱满，神气鼓荡”“开势不嫌其大（对爬楼来说，后腿尽可能蹬直，躯干尽可能提拔），欲力发得出也（产生最佳蹬地效果）”，就是说动作在刚点要充分伸展至最大值，从而起到最佳发力效果。

道理之前已经提过，膝关节由70°增加到170°，蹬地力量可由体重的1倍增加至6倍多。因此，步子越大，速度越快，越需要展开充分，这样就越能节能省力，爬楼就越轻松。

■ 意识（往上走的爬楼）

关键在于享受爬楼过程。

另外得注意专注一心，心无旁骛，这大大有利于提高动作质量。

动作与意识融为一体（往上走的爬楼）

一方面，充分享受爬楼这项运动，才能持久坚持下去。

另一方面，正确的爬楼动作也能促进享受。

爬楼的步伐、节奏、强度要保持在促进快乐的状态，需要较好的体力、体能、平衡能力和心肺功能，当然，这需要一定的训练时间。所以，还是那句话，开始的时候，不要急于求成。

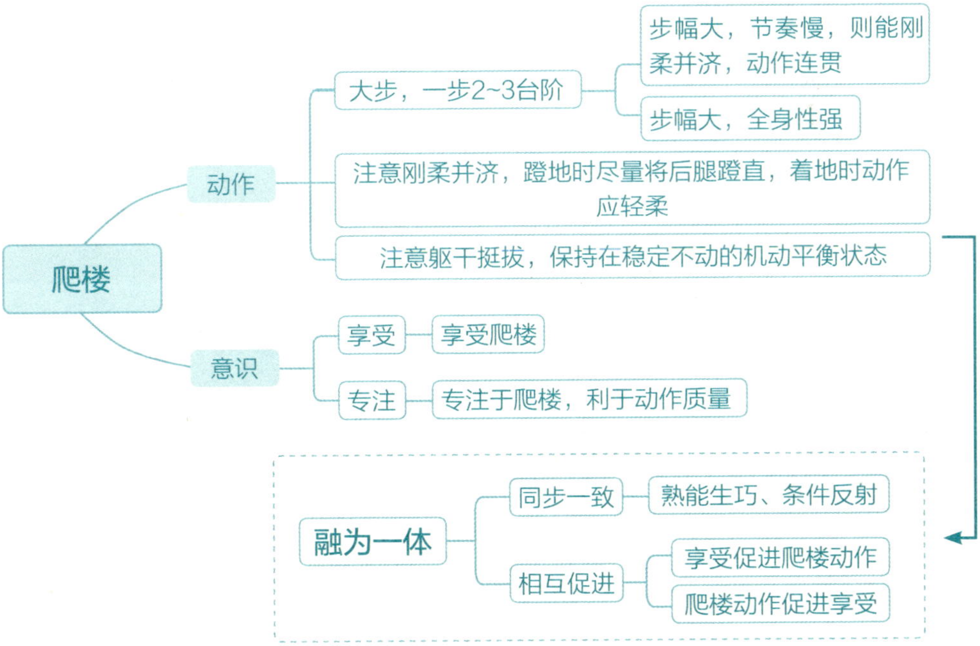

至行意合一的过程（往上走的爬楼）

爬楼比行走耗能高得多，因此，循序渐进是关键所在。

只要循序渐进，一般人都能轻易上下10层楼，毕竟，这比偶尔爬山（实际上，很多人选择的都是偶尔爬爬山）要轻松得多，也更健康。

行意不合典型现象（往上走的爬楼）

缺乏循序渐进的过程，体力体能不够，动作跟不上意识；心肺功能跟不上，气喘不已，心跳过快；步幅小，感觉很无聊；情绪消极，特别累。

日常爬楼 VS 行意合一状态下的爬楼（往上走）

日常爬楼	VS	行意合一状态下的爬楼
摆动腿摆动		摆动腿摆动
骨盆相关肌群几乎不动		摆动腿同侧骨盆向前、向上扭转，步幅增大
肩、臂几乎不动		摆动腿同侧肩、臂反向转动，调节平衡
整个脊柱肌群相对放松，更接近于低头弯腰的C形		脊柱被对拔拉长，更挺拔、高挑
情绪偏低、焦虑		情绪高、快乐

行意合一的作用（往上走的爬楼）

爬楼时达到行意合一的状态可以使爬楼变成无比的享受，让爬楼锻炼变成日常生活的一部分，从而产生极佳的锻炼效果。

爬楼为《美国人身体活动指南》第二版推荐的高强度体力活动，是非常实用的运动方式。

《美国人身体活动指南》第二版强调的第一个关键原则是“多动少坐”，因为久坐时间越长，导致心脏病、高血压和全因死亡率的风险越高，所有的身体活动都有助于抵消这些风险，中等强度到高强度身体活动效果更佳。爬楼则是很好的选择，很容易达到中等到高等强度，而且极为实用，不管是居家还是工作，大多人都能在一天当中找到多次爬楼机会进行锻炼。

经常爬楼能带给人们很多好处。

1 延年益寿。腿部力量是长寿的重要指标，爬楼可以将腿部力量维持在较高水平，对延年益寿很有好处。

2 增强心血管功能。爬楼可促进血液循环，刺激心脏，从而减少患心血管疾病的风险。

3 增加肺活量，强健呼吸系统，改善肺脏的通气和换气功能，增加吸氧能力，进而提高血氧饱和度，提高全身的新陈代谢水平。

4 提高性功能，促进睾丸素分泌，是免费的“伟哥”。

5 增强活力，使人精力充沛，动作敏捷，激情洋溢，缓解神经紧张和疲劳，还能提高睡眠质量。

6 帮助减肥。爬楼是垂直位移的运动，耗能高，结束后还能维持较长时间的燃脂状态，而且爬楼便利，易于进行，是帮助减肥的很好运动。

7 系统改善身体健康，防早逝。瑞士的科研人员做了一项针对69人的小研究表明，缺乏运动者经过12周爬楼锻炼之后，腰围、体脂含量、血压和胆固醇水平均有改善。西班牙相关人员做了一项针对1.3万人的研究表明，如果一个人能够快速爬4层楼且中间不用休息，那么，罹患心血管疾病、癌症等疾病导致的早逝风险较低。

另外，爬楼还有诸多爬山、深蹲所远不能及的优势。

1 方便。楼梯到处都有，而且，可在各种时间段进行。

2 健康。爬山固然有利健康，但要建立在循序渐进的基础上，这需要大量时间。否则，偶尔爬山未必有助健康，甚至还会起反作用，因为与平常运动量相比反差太大。

3 更容易产生欢快感。爬楼的运动量、时间、强度以及难度均可以掌控，这是爬山及深蹲所无法比的。

4 安全。爬楼不像爬山那样充满风险，累了易于休息，还能改乘电梯，避免像下山那样产生过大的冲击力造成膝盖伤害。

5 尽兴、酣畅。可以大步爬，还能跑跳着冲刺，这是爬山所远不能及的，尤其是高山，必须兼顾体能及安全，只能慢慢爬。

往上跑的爬楼

往上跑着爬楼耗能大，是抵抗久坐风险的极佳运动，也是很好的高强度间歇性锻炼（HIIT），对剧烈运动有高适应性的人群可采纳，对平常运动量不大的人群本书不推荐。

在此分享本书作者之一丛远新的一些感受，供大家参考。

就我自己的感受而言，爬楼让我感到快乐，其快乐程度较跑步更甚，而且只要精神状态好，次次都很开心，当然，持续时间要短一些（7层楼上下跑几个来回的时间），因为耗能高。

我喜欢跑跳着爬楼，每次两三个台阶往上跑跳，如风一般往上冲刺，最爱这种淋漓酣畅的兴奋感。

爬楼时脊柱要充分伸展至挺拔状态，蹬地发力时，脊柱伸展得最直（此刻也最兴奋），形成一条稳定不动的中轴线。围绕此中轴线，肩膀快速有力地扭转，从而带动胯更加快速有力地向上摆动。肩胯合一，有一种圆转如神、波浪滚进的感觉，很舒畅。

爬完后，顺着惯性小跑几步，慢慢溜达一会儿，直至心跳逐渐趋于平缓后再结束。

20多岁时，我可以7楼上下跑几个来回（30岁以后一般走着上楼）。下面一些建议供感兴趣的读者参考。

往上跑动时，需注意刚柔转换技术。前脚着地后，实现了充分的刚转柔，劲蓄够后再顺势蹬地发力，继续往上跑。前腿着地有个看似停顿的过程，其实并未停顿，因为蓄着劲，是个松而不懈的过程。

往上跑着爬楼不要追求速度，频率也不宜快，节奏适宜，才能充分伸展身体，做好弹性缓冲工作，能产生强烈的愉悦感。频率太快还容易导致骨盆转动跟不上，就只剩下大小腿的摆动了（大关节启动速度慢）。

同样要注意“开则俱开”“开（刚）时气势饱满，神气鼓荡”“开势不嫌其大，欲力发得出也”，这样非常省力。

“开则俱开”的作用在往上跑动爬楼时较往上走更大。

注意肩胯合一。肩、臂的快速扭转可以促进摆动腿的快速摆动，提高步频。肩胯合一的作用在往上跑动时特别明显，远胜跑步。

刚刚跑上楼后，不能马上停下来，应溜达一会儿，待心跳平静下来后再停下来。

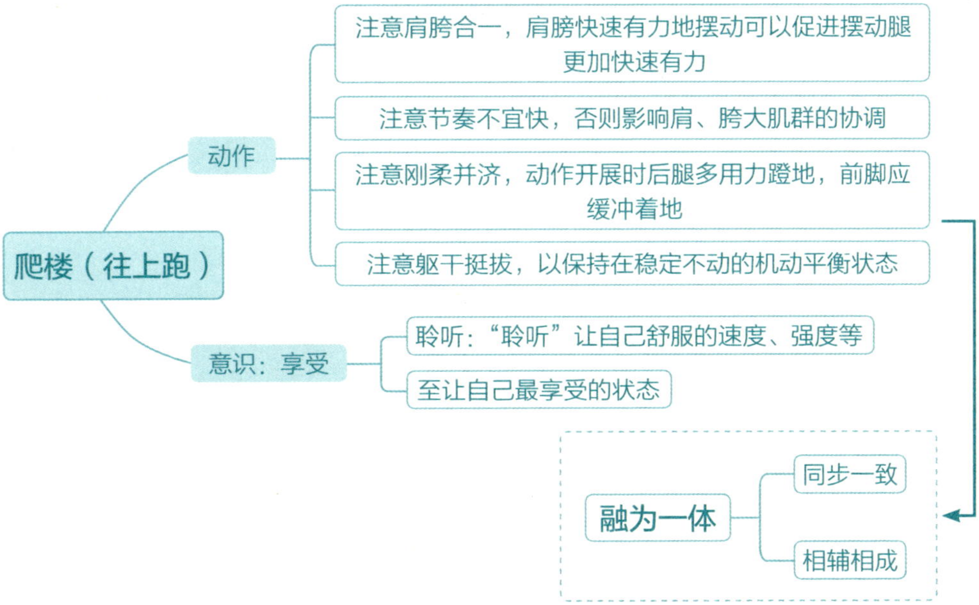

TIPS

高强度间歇性锻炼（High-Intensity Interval Training，简称 HIIT），顾名思义就是间隔从事极高强度的运动。有两个主要特点：第一，强度极高，需要全力以赴；第二，间隔进行。

高强度间歇性锻炼没有明确的定义，感兴趣的读者可观看 BBC（英国广播公司）的节目《锻炼的真相》，大致的意思是：行走 1 万步，不如快走 3 千步。慢跑 45 分钟，不及高强度间歇性锻炼训练 2 分钟（以极高的强度从事动感单车运动，共计 3 组，每组 40 秒）。

《美国人身体活动指南》第二版也推荐了高强度间歇性锻炼，指出这种锻炼可以改善成年人的胰岛素敏感性、血压和身体成分。与正常体重者或健康成年人相比，超重者、患心血管疾病和 2 型糖尿病风险较高的人在进行此锻炼时，往往受益更大。

《美国人身体活动指南》第二版也没给出详细的定义，只是强调了高强度和间隔进行两个特征，主要是目前缺少进一步的定量研究数据。

具体来说，以下三种高强度间歇锻炼可供参考。

跑步

第一，热身：先慢跑 5 分钟热身；

第二，高强度运动：全力冲刺（10 ~ 20 秒）；

第三，间歇运动：慢跑或快走（1 分钟）；

第四，重复第二、第三步骤共计 5 次。

跳绳

第一，热身：先慢跑 5 分钟热身；

第二，高强度运动：双摇 50 个左右；

第三，间歇运动：快走加散步 1 分钟；

第四，重复第二、第三步骤共计 5 次。

组合运动

1 分钟张臂跳跃、1 分钟深蹲、1 分钟快跑、1 分钟张臂跳跃、1 分钟深蹲，高强度运动之前 5 分钟内慢跑热身，每两次高强度运动间隔 1~2 分钟，间隔时间可以是快走、散步或者休息。

尽管高强度间歇性锻炼有着独特的锻炼价值，但这种形式的训练更适合对于剧烈运动具有较高适应性的低风险人群，有中等或者高风险的人要由专业医师来确定运动强度，读者需谨慎对待高强度间歇性锻炼。

不过，不管怎样，高强度运动更容易抵消久坐危害，更容易让人全身受到充分锻炼是无疑的，爬楼（往上跑）、跳绳等运动满足了相应需求，是很好的选择，如果能进入到行意合一的状态最好。

往下走着下楼

下楼时膝盖所承受的冲击力较大，应注意缓冲（柔化技术）：尽可能将摆动腿向前下摆动至最大，最后以伸展出的前脚掌着地，整个S形脊柱也应在最大伸展状态，着地瞬间要随即松开，实现刚柔转换。

往下跑着下楼

不建议下楼时往下跑，因为有失足摔伤的风险，而且往下跑动时膝盖所承受的冲击力较大，超重者以及中老年人有可能因此患上膝关节炎，但如果有兴趣，以下是本书作者之一丛远新的经验体会，可供参考。

跑下楼的感觉其实还不错，但要做好缓冲工作，动作要圆润流畅并且极具弹性。一步两阶往下快速跑跳，通过肩、胯的摆动带动腿部快速、有力地大幅度地摆动。着地前，整个身体充分伸展开来，着地瞬间，将全身肌肉松开来，积极缓冲。这样做着地时，没有内脏或骨骼受到巨大外力的瞬间冲击发生震动的感觉，只有身体被连贯地柔和弹压的愉悦感觉，使身体储存较高的弹性势能，能在缓冲完毕后轻松地顺势弹开往下跑跳。

我常常从9楼跑下去，很多时候，同事们还没等到电梯，我已经跑到1楼了（但本书不推荐）。

往下跑时速度更快，膝盖所承受的冲击力更大，特别需要注意柔化技术。一方面，防止着地冲击力对膝盖的伤害，另一方面，可以将重力势能高效转换为下楼时的动能，从而轻松、快捷地下楼。

刚转柔对应着开转合，因此，着地前应一开俱开。尽可能将摆动腿向前下摆动至最大值，整个S形脊柱也应在最大伸展状态，着地瞬间应随即松开，实现刚柔转换（注意，动作越开，刚转柔时间越长，越能减少地面对身体的瞬间冲击力）。

注意肩胯合一。肩、臂的快速扭转可以促进骨盆和摆动腿在着地瞬间摆动到位，从而更好地实现柔化技术。

做到“粘连相随”。尽管是跑步下楼，但应像走路一样，尽可能做到脚不离地，减少腾空时间，在摆动腿即将触地瞬间，支撑腿再离地。双脚与地面间做到粘连相随。

跳绳

跳绳是很好的健身运动，可以让肌肉、骨骼、心肺等整个身体受到非常充分的锻炼。跳绳耗能高，容易累，可若进入行意合一状态的话，跳绳又是最欢快的运动，双摇（跳一次，摇两下）尤其如此。

行意合一的动作

跳绳也要保持整体连贯性，其诀窍有二。

第一 每一次蹬地能量传至肩、臂时，则顺势带动手腕，摇转绳子。

也就是说甩动绳子的能量源自双腿蹬地所致，而非单纯的手臂用力；手臂的摆动应得机得势，也就是蹬地能量一旦传递过来，则顺势带动手腕摇摆绳子，手臂的摆动应该是很轻松的。

第二　要注意刚柔并济。

手腕摇动绳子的力量并非是均匀的，而是有快有慢，有刚有柔，刚对应快，柔对应慢。

就腿而言，蹬地为刚，着地为柔。

就手腕而言，蹬地能量传递过来后的顺势摇动为刚，反之则为柔。

刚柔并济，可以确保只需将脚尖稍稍蹬离地面，绳子即可精准地从脚下穿过。这样既能跳得又快又好，又能避免膝盖受到较大冲击力，不易受伤。

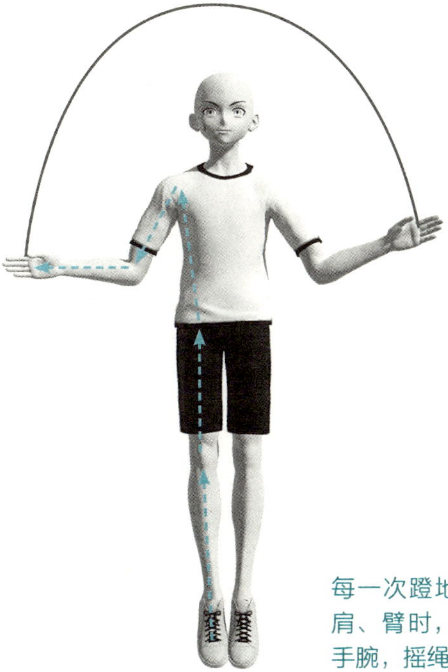

每一次蹬地能量传至肩、臂时，顺势带动手腕，摇绳子

本书作者之一丛远新说：

我30多岁时开始练习双摇，练习了2周就能双摇了，一个月基本掌握了诀窍，能做到刚柔并济，手臂、腿、脚都不会被绳子抽着，青少年学会应该更快。

遗憾的是，我没有在最美的年龄懂得相应道理，高中一次跳绳比赛，前一天才开始准备，收获的只有疲劳和很差的战绩。那时没有意识到，只要循序渐进，方法得当，跳绳还能那么有趣，技术还可以提高到这等地步。

等知道上述道理了，年纪也大了。

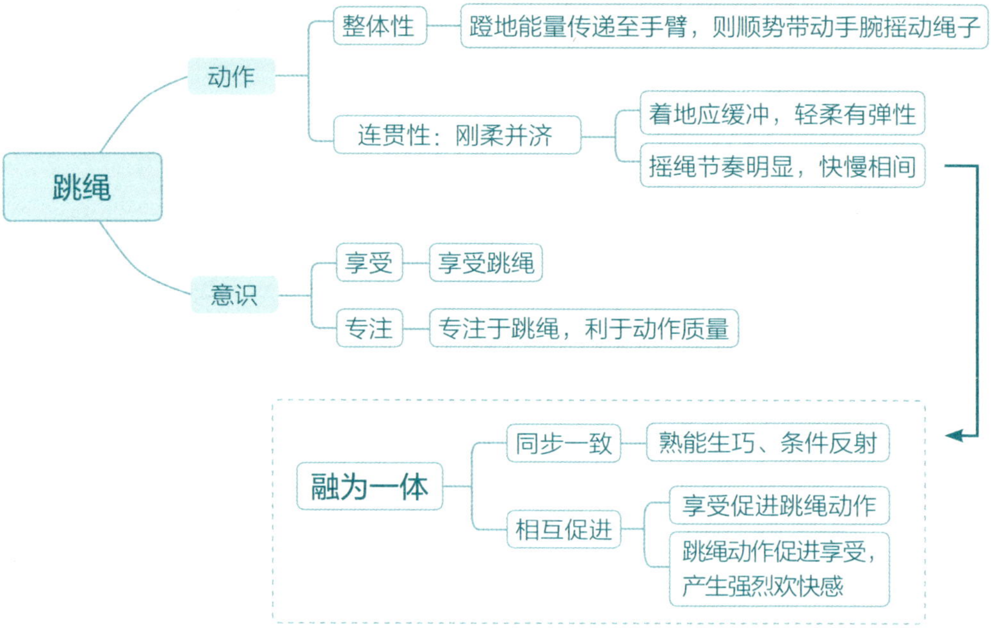

意识

意识的关键在于享受跳绳运动。

另外，要特别注意保持高度专注，以确保动作质量。

动作与意识融为一体

多练习，自然熟能生巧，形成条件反射，从而达到同步一致。

所谓相互促进，一方面，对跳绳这种高耗能运动，只有享受了才能持续下去，如果不能享受，就会感到很累、很枯燥，不仅难以持续，甚至还有可能受伤。

另一方面，跳绳运动本身也会促进意识的享受，实际上，跳绳是很容易产生快乐感的，不过，需要掌握较好的技术，搞清让自己最享受的速度、节奏和强度等。

享受跳绳的一个诀窍就是一次跳的时间不能太长，节奏不要太快。如果节奏快（如双摇），则每次跳的时间就要更短一些，休息一会儿再继续。

至行意合一的过程

跳绳是高耗能运动，需循序渐进地练习，待体力、体能、协调性等整体素质提升到一定程度后，才能得心应手，尤其是双摇，更要长期练习，方能随心所欲，充分享受那种酣畅的欢快感，直至行意合一。

行意合一的体验

这里举一些跳绳爱好者跳绳后的感受，体验一下他们跳到行意合一时的心情。

“刚跳了一会儿就开始出汗，而且跳到后来不觉得累竟然有点停不下来，好一个酣畅淋漓的感觉啊！”

“晚上，下自习后，我会在操场上跳绳，总是喜欢那种上上下下，越跳越快的感觉，听到自己跳绳打击地面的声音就会很兴奋。一天中的这个时候是很开心的，什么都可以不用想，什么都可以抛诸脑后，全身心地把绳跳好。往往在跳完绳后，大汗淋漓，同时感觉到自己又有了无穷的力量去准备考试。”

“每次跳绳都有这种感觉，我喜欢双摇，越跳越快，夹着凌厉的呼啸声，一口气连跳50个，那种淋漓尽致的酣畅感好极了。待咚咚咚咚快速跳个不停的心脏慢慢趋于平稳后，感觉人生都美好了。”

行意合一的作用

跳绳时，人们一旦进入行意合一的状态，将是无比美妙的感受，跳绳这项运动本身也跟着变成美好的事情了。

一方面，跳绳可以使人无比快乐，特别是进入行意合一状态。

另一方面，跳绳在促进身体健康方面有着非常独特的优势。前文提及，久坐时间越长，导致心脏病、高血压和全因死亡的风险越高，而跳绳则是抵消久坐风险的极佳运动，作为高强度有氧身体活动，跳绳是非常方便的，在很多场合都能进行。自己一个人跳也行，邀请家人或好朋友一起比试比试也不错。

跳绳强度可高可低，适合大多数人进行锻炼。对身强体壮者，如果高强度有氧身体活动的强度不够，还可以进一步提高强度至高强度间歇性锻炼，双摇可轻易达到，每天只需几分钟即可起到很好的锻炼效果，可以让肌肉、骨骼以及心肺等整个身体受到非常充分的锻炼，还能锻炼到普通运动很难涉及的深层肌肉。

双摇跳绳对时间紧张、生活节奏快的身体强壮者来说，是特别好的锻炼项目。

单杠引体向上

单杠引体向上就是依靠自身力量克服自身体重向上做功的垂吊练习。

单杠引体向上主要锻炼上肢肌肉力量和腰腹力量，在完成一个完整的引体向上的过程中需要众多背部骨骼肌和上肢骨骼肌的共同参与做功，是一项多关节复合动作练习，是较好的锻炼上肢的方法，是所有锻炼背部骨骼肌肌力和肌耐力的练习方式中参与肌肉最多、运动模式最复杂、锻炼背部骨骼肌的肌力和肌耐力最有效的练习方式，是最基本的锻炼背部的方法，是衡量男性体质的重要参考标准和项目之一。

不过，单杠引体向上也是很多男同学的噩梦，必考项目，一把辛酸泪呀！为了考试不得不练，苦不堪言。其实，做单杠引体向上同样可以非常快乐的，诀窍就在行意合一。

■ 行意合一的动作

单杠引体向上的整体性在于整个身体要像手臂一样充分伸展开来，做到“蓄劲如张弓”，然后再收缩发力，引体向上。

总而言之，单杠引体向上除了可以用手臂发力外，还能伸展整个身体，使之像手臂一样参与进来发力，但这常常被人忽视。

动作的连贯性在于顺势而动。身体充分伸展后，迅速收腹，带动整个躯干、肩、臂逐次绷紧，并顺势收紧肩膀、手臂，引体向上。自腰部往上，身体呈波浪滚进状。

仅手臂参与发力

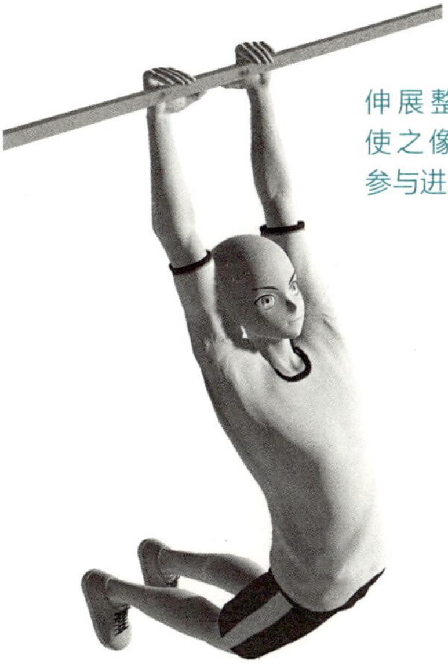

伸展整个身体，
使之像手臂一样
参与进来发力

■ 意识

做这项运动时，心态很重要，上面说了那么多好处，可以不停地告知自己，练出一个健美的背部，是多么的帅，多么“男人”！所以在意识上，要跟自己说，享受这项运动吧！

动作与意识融为一体

一方面，对单杠引体向上这种高耗能运动，只有享受了才能持续深入下去。

另一方面，以单杠运动促进意识的享受，让自己开心、快乐。动作的整体性和连贯性会促进意识的享受。为此，要首先掌握上述运动技术，这需要一定的锻炼，另外，还需要搞清适合自己的节奏、强度等，并顺势调整至相应状态。

能享受单杠引体向上的一个关键在于每一次做的数量不能多，数量一旦多了，不光质量达不到，感觉非常累，还容易受伤，实在得不偿失。

对单杠运动来说，行意合一的诀窍在于勤锻炼，而非久锻炼，实际上，一般人也很难持续锻炼很久。

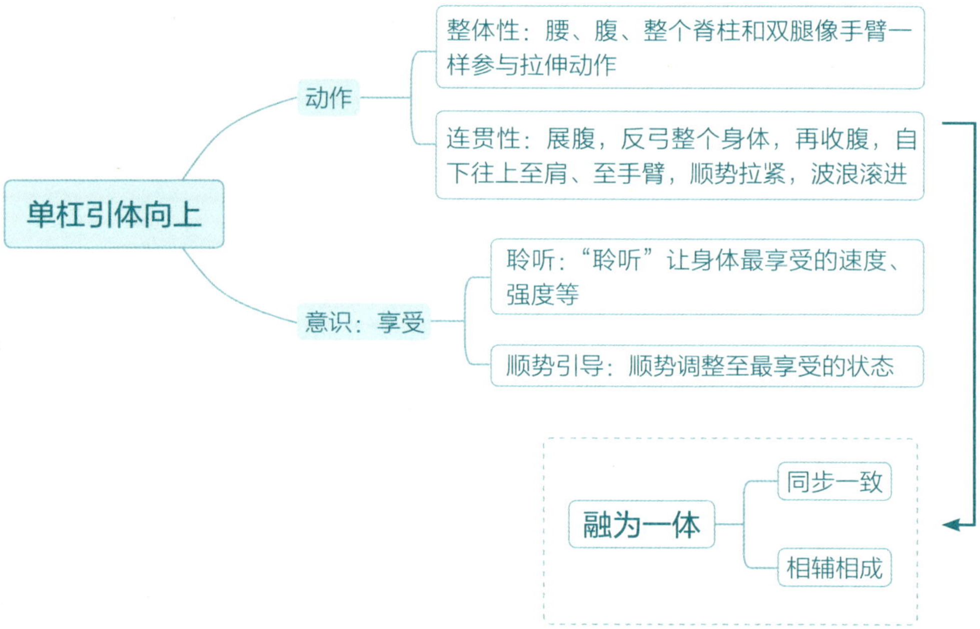

至行意合一的过程

进行这项锻炼时，循序渐进很关键，对于肌力较差的人来说，可以从一个或者两个开始训练，累了就休息。等身体恢复到正常状态（没有酸痛，精力旺盛）再锻炼，这样容易提高。

如果希望获得更快的进步或者更高强度的锻炼效果，可以增加锻炼频率，但要注意避免一次锻炼太久。

普通单杠引体向上 VS 行意合一状态下的单杠引体向上

普通单杠引体向上	VS	行意合一状态下的单杠引体向上
拉伸时仅手臂发力		拉伸时腰、腹、肩、胯等全身发力
拉伸速度慢		拉伸速度非常快
每次拉伸数量少		每次拉伸数量多
更利于锻炼手臂块状肌肉		更利于锻炼全身流线型肌肉
对心肺功能刺激强度低		对心肺功能刺激强度高

行意合一的作用

相较于局部发力，做单杠引体向上动作达到行意合一标准时，主要有以下几个作用。

可以很好地锻炼到背阔肌、肱二头肌以及肩胛骨周围许多大小肌肉群。能缓解背部疲劳，在很大程度上解决和预防一系列腰、背和肩部的疲劳和酸痛等问题。

可以拉伸脊柱，使脊柱尽力伸展，促进脊柱健康。

身体大幅度的伸展以及有节奏的开合可以很好地矫正不良的身体姿态，提升精神面貌，使练习者拥有倒三角形的健美体型，在攀岩、划船等休闲运动项目中表现得更出色。

行意合一状态下的单杠引体向上可以锻炼出强壮的上肢和背，为人们提供了对自身更为有力的保护，增强了人们在日常活动或运动中的安全性，不论是在搬挪重物还是在运动时，上肢和背部的骨骼肌都能够为接下来的动作提供更有力的支撑，扩大了自身所能承受的受力范围，减少了受伤的可能性，并且在发生突发情况下，使自己有足够自保能力的同时甚至还可以帮助他人脱困。

当身体充分伸展开并发力时，心理上会很舒畅，又很兴奋，可以很好地调节情绪。

总而言之，达到行意合一状态时，可以使包括心肺在内的整个身体受到更加充分持久的锻炼，能训练出较大的爆发力，具有很强的实用性。

另外，达到行意合一状态时，反弓身体，启用腰背等各个肌群发力，充分激发出整个身体潜能，从而能产生数倍于局部手臂发力的效果。这种发力方式有助人们更好地认识、理解和掌控自己的身体，对排球、篮球、羽毛球、网球等诸多运动都有一定的启发作用。

题外话

做单杠引体向上时，本书推荐进入行意合一的状态。但是，在跟很多朋友讨论时，他们觉得这样做不对，跟老师教得不一样。

还有朋友说，这种方式是健美运动的大忌。因为，健美运动最忌受伤，这种整体性的快速拉伸受伤概率更高。另外，练就一身“疙瘩肌肉”并非易事，一些人甚至通过吃药帮助长肌肉。而这种爆发性的运动不易生成大块的“疙瘩肌肉”，极大地浪费了锻炼机会。

运动是多元的，考试有标准，但锻炼没有标准，更没有那么多的对错，健康、愉快即可。某些考试偏重的是手臂局部力量，但本书推荐的整体性发力可以获得更多的愉悦感，另外，在必要的时候可以产生更大的爆发力，实用性更强。

这或许不利于“健美的体形”，但不同的人对“健美”的评判是不一样的，像猫咪、老虎一样的流线型肌肉也是很多人眼中最美丽的。

因此，给单杠引体向上设定标准我们觉得是不明智的，行意合一只是多元锻炼方式中的一元。建议广大读者对两种方式都尝试一下。状态好时，可多尝试全身发力，反之，可多局部发力。

俯卧撑

俯卧撑是日常锻炼、体育课和军事体能训练中的一项基本锻炼项目，主要锻炼上肢、胸部、腰部及腹部的肌肉。

《美国人身体活动指南》第二版中建议成年人需要做肌肉强化活动，如练习举重或俯卧撑，每周至少有2天进行这类锻炼。

行意合一的动作

做俯卧撑运动时，两手和两前脚掌撑地，身体俯卧，双臂反复撑起和弯曲，使全身连续起落。

俯卧撑运动的整体性在于利用腰、腹、肩等全身肌群发力推地，从而产生更大的推地力量（可以达到手臂力量的数倍），可以将身体快速推起。

仅用手臂发力推地

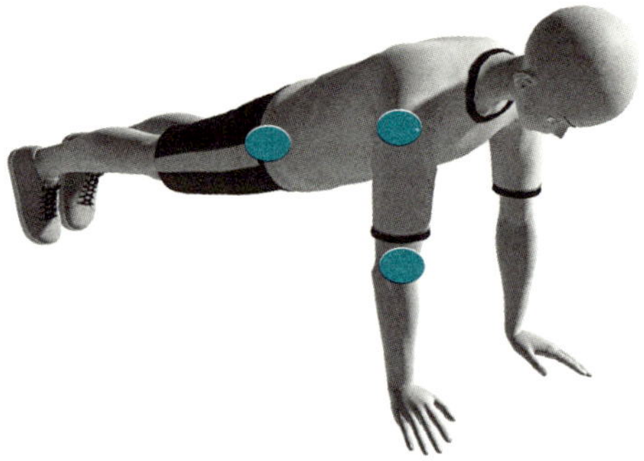

利用腰、腹、肩、臂等全身肌群发力推地

俯卧撑运动的连贯性主要有以下两点。

第一 注意刚柔并济，动作应有节奏和弹性，下落时注意放松，推直瞬间多用力。

将身体撑起时，尽量在身体和手臂撑直瞬间多发力，这样更轻松，也能将身体推得更高（甚至离地跃起）。也就是传统武学所说的“开势不嫌其大，欲力发得出也”。

身体下落时，应注意放松，动作应有弹性，从而能积蓄能量，以便接下来撑地时的顺势反弹（就像起跳前的下蹲蓄劲一样）。

第二 注意顺势而动。

将身体撑起时，腰腹向上快速挺起，从而带动肩膀、手臂快速推地，自腰腹至肩膀、手臂要节节贯穿，手臂应顺着腰腹传递过来的能量推地。

意识

在做俯卧撑这项运动时，关键在于享受。

享受的关键依然在于量力而为，数量不能太多，数量一旦多了，质量达不到，体力体能跟不上，就会感觉非常累，还容易受伤，自然也就不享受不想做了。

动作与意识融为一体

让自己享受，享受了才能促进俯卧撑运动持续下去。

另一方面，以俯卧撑运动促进意识的享受，让自己开心、快乐。能高质量完成动作，将身体快速有力地推起，且不费劲时，容易产生享受的意识。

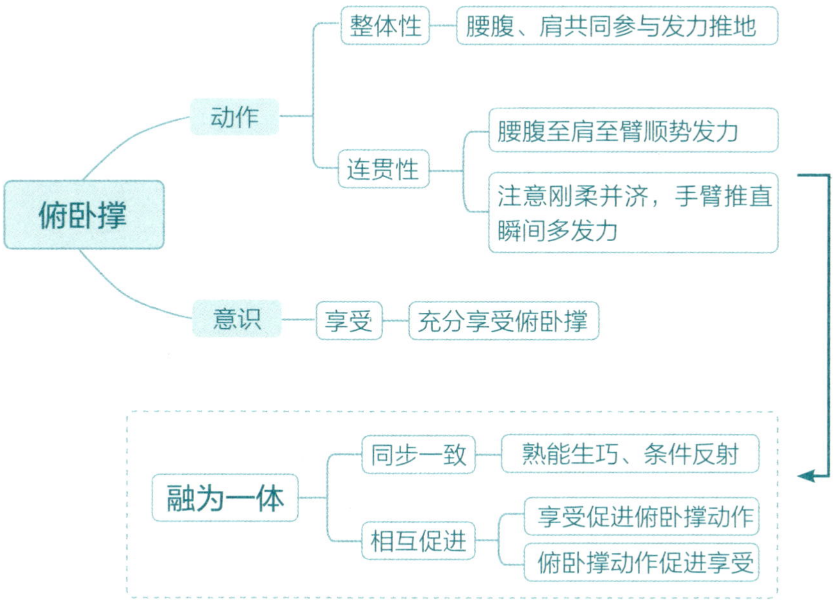

至行意合一的过程

行意合一状态需要强壮的手臂肌肉以及肩、臂、腰腹的整体协调能力，这需要一定时间的锻炼，因此，要注意循序渐进（如一次从5个开始），不要急于求成。

普通俯卧撑 VS 行意合一状态下的俯卧撑

普通俯卧撑	VS	行意合一状态下的俯卧撑
仅双臂发力推地		除双臂外，腰腹、肩膀共同参与发力推地
推地速度慢		推地速度非常快
更利于锻炼手臂块状肌肉		更利于锻炼全身流线型肌肉
对心肺功能刺激强度低		对心肺功能刺激强度高
实用性低		实用性高

相较于单纯手臂发力，行意合一状态下做的俯卧撑可以使全身受到更加全面和强度更高的锻炼。

行意合一的作用

相较普通的俯卧撑，达到行意合一状态时，肩膀、腰腹以及心肺等整个身体都能受到更加充分的锻炼，意识上更加享受，所以也更容易长期坚持下去。

长期坚持俯卧撑运动者健康长寿的概率更高。俯卧撑技能不仅是衡量肌肉、骨骼健康程度的一个重要指标，也是衡量心血管是否健康的一个重要指标。美国哈佛大学针对1500多名消防队员连续10年的跟踪调研发现，一次能做40个俯卧撑（速度为80个/分钟）以上的男性，与那些只能做10个俯卧撑的男性相对比，患心脑血管的概率降低了96%左右。

骑行

骑行不光是一项运动，更是很多人日常生活中的一部分，特别是在倡导绿色出行、共享单车流行的当下。

骑行被世界卫生组织发布的《关于身体活动有益健康的全球建议》列为常见的有氧身体活动之一。由于骑行速度可快可慢，骑行姿势可坐可站，因而能满足各种层次的锻炼需求。

但是普通的骑行只有大小腿的运动，并没有让身体受到充分锻炼，甚至还会影响生殖器官的健康（长期坐着，压迫生殖器官）。

如果能以行意合一理论引导，则能让身体受到充分的锻炼，还能愉悦心情，让身体、心理双受益。

行意合一的动作

很多人只是将自行车当作一种代步工具而已，骑行时全身并没有受到充分锻炼，往往是将整个重心压在车座上，仅依靠膝关节肌群力量踩踏前行，而没有让髋关节肌群等其他身体器官受到充分锻炼。

另外，这种骑行方式会压迫生殖器官，有研究认为可能影响性功能和生育功能，但也有研究认为不会影响，目前还存在着较大争议。

本书建议以全身的力量蹬踩踏板来骑车，具体来说，就是要将臀部抬离车座，以身体重量带动髋关节肌群和膝关节肌群下压踏板，从而形成较大的踩踏力量，产生较大的骑行速度。这样能让整个身体受到更加充分的锻炼，而且还不会产生压迫生殖器官的弊端。全身力量蹬踩踏板耗能大，更容易累，可以采用快慢结合的方式，蹬累了就降低节奏，站在踏板上缓慢骑一会儿，或者休息一会儿，依靠惯性前行一段。

一般来说，如果想锻炼身体，半小时之内，臀部都应保持在抬离后座的姿势（但前倾较大可能导致腰疼，注意选择合适的自行车，负重时尽量少前倾），这对一般人来说是很容易做到的，因为大部分人散步半小时是没问题的，尤其是久坐一天后的办公一族，只是缺乏相应意识而已。

骑行的连贯性注意两点。

第一 注意刚柔并济，在腿快蹬直瞬间（刚点）多发力，这样可以用更小的力产生更快的骑行效果。

第二 蹬踏板时，以身体重心带动髋关节、膝关节逐次发力，节节贯穿，顺势而动。

一款可变速的自行车是快速骑行的必要条件。如使用的是不能变速的自行车，是无法站立在踏板上利用全身力量快速骑行的。

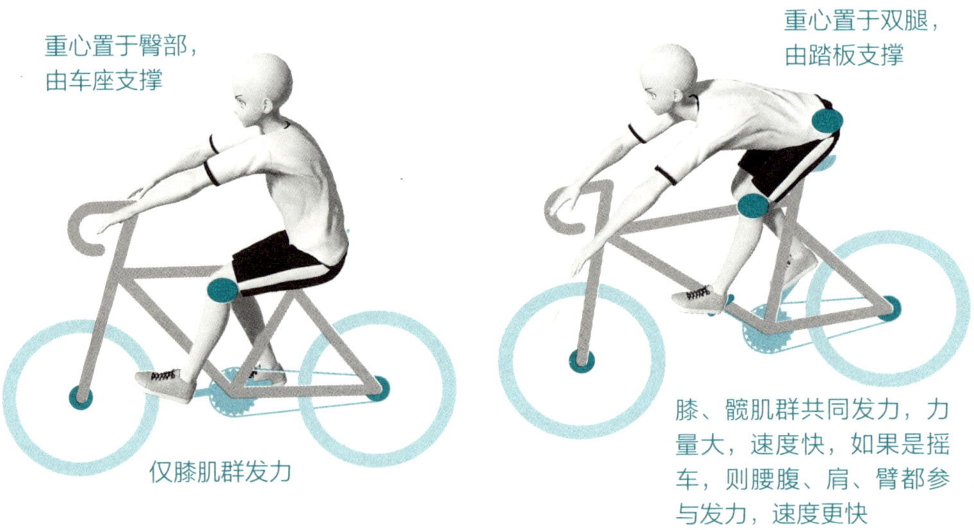

骑行局部发力VS整体发力示意图

意识

骑行其实可以是一件很享受的事情，选一辆适合自己的自行车，选一条喜欢的小径，时而快速飞奔，时而顺风滑行，想想都惬意。

动作与意识融为一体

骑行时动作与意识融为一体，依然要注意同步一致和相互促进。前文已说过多回，这里提醒大家的是，当动作与意识融为一体时可以让骑行更加欢快，更加兴奋，但也更容易累，所以应注意劳逸结合，快慢相间。

至行意合一的过程

当骑行达到行意合一状态时，对心肺以及下肢肌肉力量的要求都较高，这需要一定时间的训练。因此，要循序渐进，不能急于求成。

普通骑行（仅膝肌群发力，坐后座上）VS 行意合一状态下的骑行

比较项目	普通骑行	行意合一状态下的骑行
膝肌群	参与运动	参与运动
髋肌群	不动	参与运动
臀部	臀部坐在车座上，不动	臀部抬离车座，利用身体重量往下踩踏
生殖健康	可能受影响	不受影响
对心肺功能刺激的强度	低	高
脊柱健康	整个脊柱肌群相对放松，更接近于低头弯腰的C形	脊柱被对拔拉长，更挺拔、高挑
情绪	情绪偏低或者自然	情绪高、快乐

行意合一的作用

相较于普通骑行，行意合一状态下的骑行主要有三个优点。

第一 让整个身体受到更加充分的锻炼。

第二 避免生殖器官可能受到的健康影响。

第三 更加快乐。有了这个优点，将骑行运动进行到底就是容易做到的事情了。

对于家与单位距离适中的上班族来说，仅上下班的骑行运动就很容易达到每周150~300分钟中等强度有氧身体活动量或者75~150分钟高强度有氧身体活动量（通常时速超过16千米/小时就能达到，如果使用的是轻便的公路专用车，那么可能需要更高的速度才能达到相应活动量），达到世界卫生组织《关于身体活动有益健康的全球建议》标准，从而大大降低患高血压、心脏病、2型糖尿病以及各种癌症的风险，还能延年益寿。

英国格拉斯哥大学研究团队针对25万人的调研表明，相较于驾车或是乘公共交通工具，骑行上下班者罹患心脏病和癌症的风险降低50%，早亡的风险降低41%，该研究报告刊登于《英国医学杂志》上。

《老化细胞》杂志发表的一篇论文表明，相较于不常运动的人，坚持骑行的人更易保持在年轻健康状态。经常骑自行车的人身体的脂肪和胆固醇的水平也趋于稳定。在男性研究对象中，睾丸激素水平没有受到年龄干扰（不常运动的人各项指数都下降得比较多）。研究人员也表明即使这些骑行者的身体状态已经保持在最佳状态，一旦停止运动他们的身体状态也有可能变差，而行意合一产生的快乐正好能引领普通人将骑行坚持下去。

家务劳动之洗衣服

当下有太多人的工作都是久坐的，非工作时间，又大都低头与手机“较劲”，而久坐与心脏病、高血压和全因死亡的增加有着密切的关系。目前，我国心血管疾病占居民全部死因的40%以上，每5例死亡病例，就有2例是死于心血管疾病。虽然致病原因是多种多样的，但缺乏运动肯定是原因之一，但是很多人都会说工作太忙没时间运动啊！那就用做家务来“弥补”吧。

对大多数久坐、运动量匮乏的现代人来说，洗衣、拖地等各种家务活动都是有益健康的，如果能达到行意合一的状态，则不仅可以愉悦心情，还能达到中等强度身体活动标准，大大有益于身体健康。

虽然现在人们大都使用洗衣机来洗衣服，但是有些小件衣服或不宜机洗的衣物，大家还是会用手洗，一般在洗衣服时，主要用到的是手和手臂，但是这样的动作往往会让人心生厌烦，你有没有想过，洗衣服也能洗出幸福感来？其实将动作调整至有全身连贯性就行了。

■ 行意合一的动作

洗衣服时，如何做到全身连贯呢？

关键在于要肩、胯、臂、腿协同发力，这样动作幅度大，且有力；发力时注意由腿至胯至肩至手臂，节节贯穿，势势相承，顺势而动。

注意身体保持在挺拔、平衡的状态，这样肩、胯才能灵活协调，促进洗衣动作。

双手接触瞬间应放松，顺势搓揉，保持弹性。虽动作有力，搓洗幅度大，但却不生硬，衣服受力均衡，这样手和衣服都不容易磨损。

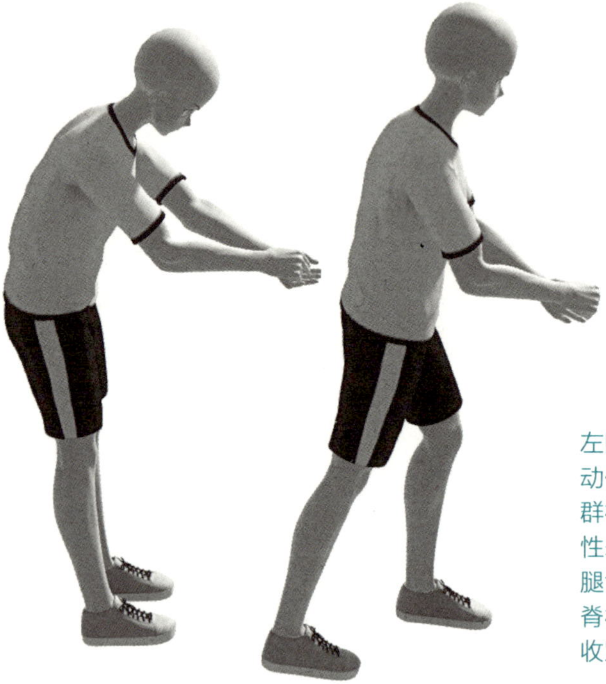

左图洗衣服的动作是仅手臂发力，动作幅度小，力量小。整个脊柱肌群松懈，往往弯腰驼背，机动平衡性差。右图的动作是肩、胯、臂、腿协同工作，动作幅度大，有力。脊柱伸展，身材挺拔，腹、臂肌群收紧，保持着较高的机动平衡

意识

享受洗衣服这件事，可能你以前没有想过，看过上面的介绍后，再洗衣服时，注意专注于洗衣服本身，试着找找洗衣的乐趣。行意合一的关键就是意识是享受的。

动作与意识融为一体

洗衣服的动作与意识同步完成，且高度一致（所做正好是所想）。多练习，熟能生巧，形成条件反射，就能达到同步一致了。

当你享受了洗衣服这件事，自然能促进动作持续下去。

动作的整体连贯性又可以让人感受到洗衣服很兴奋。洗衣服时，身体姿势的挺拔也会让人显得更加精神。提顶拔背，则神清志明。

■ 普通洗衣服 VS 行意合一状态下的洗衣服

比较项目	普通洗衣服	行意合一状态下的洗衣服
手臂	参与运动	参与运动
肩膀	不动	参与运动
骨盆肌群	不动	参与运动
对心肺功能刺激的强度	低	高
脊柱健康	整个脊柱肌群相对放松，更接近于低头弯腰的C形	脊柱被对拔拉长，更挺拔、高挑
情绪	情绪低落或者一般	情绪高涨、快乐
安全性	手指容易磨损	避免手指磨损受伤，双手接触瞬间的放松和顺势搓揉能最大程度地保护手指不受伤
洗衣速度	慢（动作幅度小、无力）	快（动作幅度大、有力）

相较于普通洗衣方式（仅手臂发力），行意合一状态下的洗衣服提高了身体的活动强度，有着更好的锻炼效果。

家务劳动之拖地

如果拖地是你生活中的必做之事，可以像应付差事一样应付到老（虽然不喜欢，但是不得不干），也可以快快乐乐干到老，你会选择哪一种呢？如果是后者的话，恭喜你，遵循行意合一理论就可以了，不仅可以更加快乐，还能让全身受到更加充分地锻炼，一举多得。

行意合一的动作

人们在拖地时，常常只有手臂的运动，这样力度小、幅度小，拖地速度也慢，缺乏乐趣。

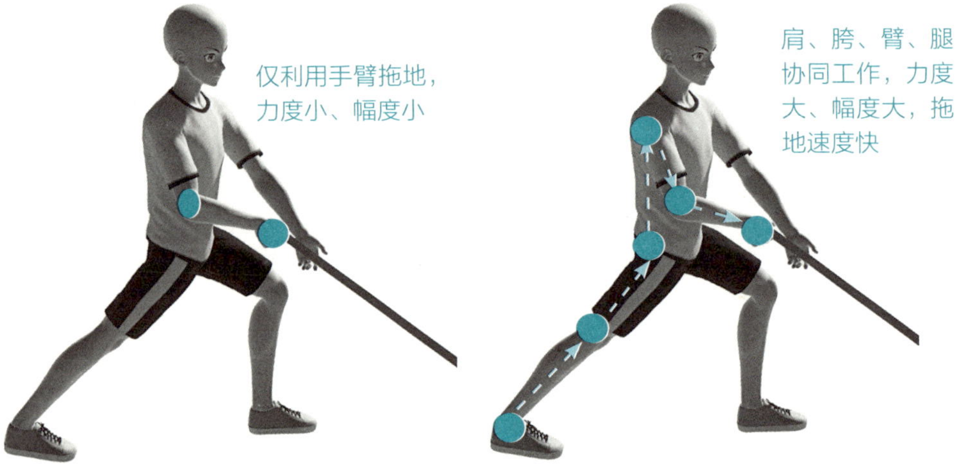

如果能以行意合一理论引导，则力度大、幅度大，拖地速度快，还很有趣。动作的关键在于肩胯合一，连贯顺畅。

一般人右手更加灵活有力，以右手发力为主，那么拖地时右腿在后，左腿在前。

右腿蹬地，胯、肩逐次启动，顺势发力，带动手臂拖地，幅度大而有力，地也拖得干净，很容易就大汗淋漓，人也开心振奋。

右腿、右胯、右肩至右臂逐次发力，节节贯穿，势势相承，顺势而动。

一种比较直接的感觉就是：拖地的能量是右臀部发出来的。

意识

把拖地当作一种享受，这并不可笑，倒是有意思的事。自己既做了全身性的锻炼，又把环境打扫干净了，是不是一件让人高兴的事，当意识开始享受了，就开始进入行意合一状态了。

■ 动作与意识融为一体

拖地时尽量让动作与意识同步完成。只要多拖拖地，就能形成条件反射，使动作与意识同步一致，而且还能“收获”干净的环境，想想就不错吧！

所谓相互促进，一方面，享受了才能促进拖地活动持续下去。

另一方面，让拖地动作促进享受，动作的整体连贯性正好可以促进享受，很容易发热出汗，精神也振奋愉悦。

■ 普通拖地 VS 行意合一状态下的拖地

相较于仅手臂发力的拖地，行意合一状态下的拖地增强了身体活动强度，有着更好的效果，具体对比如下。

比较项目	普通拖地（仅手臂发力）	行意合一状态下的拖地
手臂	参与运动	参与运动
肩膀	不动	参与运动
骨盆肌群	不动	参与运动
对心肺功能刺激的强度	低	高，易出汗
脊柱健康	整个脊柱肌群相对放松，更接近于低头弯腰的C形	脊柱被对拔拉长，更挺拔、高挑
情绪	情绪低落或者一般	情绪高涨、快乐
拖地速度	慢（动作幅度小、无力）	快（动作幅度大、有力）

行意合一实践应用小结

前面讲过了容易达到行意合一状态的各种运动，这里再将它们分分类，便于大家记忆。总的来说，可以将运动大致分为三类，每一类运动有相近的方式来达到行意合一状态。

第一 低耗能运动。

走路、洗衣服、拖地等低耗能运动，可以采取如下方式掌握行意合一技术。

先做好动作的整体性和连贯性，再做好意识的享受、专注、连贯，使二者逐渐融为一体，达到行意合一状态。

总的来说，对低耗能运动，达到行意合一状态具备以下六个优点。

1. 肩、胯等协调发力，让整个肌肉系统受到更好地锻炼。
2. 脊柱更加挺拔，利于腰椎、颈椎骨骼系统的健康。
3. 由于脊柱更加挺拔，姿势更加圆活有力，所以人会显得更加优雅，更加迷人。
4. 更好地刺激心肺，让心血管和呼吸系统得到更加充分的锻炼。
5. 情绪高涨、快乐。
6. 速度快、高效。

总而言之，达到行意合一状态时整个身体能受到更加充分的锻炼，心理上更加快乐，由于效率更高，这样还可以腾出更多的时间从事其他工作或者娱乐活动，给快节奏的生活“增加”了更多的选择。

《美国人身体活动指南》第二版提出成年人的第一个健康关键指标是多动少坐。而行意合一状态下的运动不仅减少了久坐时间，还使走路、洗衣、拖地等各种活动达到了中等强度有氧身体活动标准，既抵消了久坐的风险，又可以使人们不费劲地坚持下去，让健康长长久久。

第二　持久的高耗能运动。

对慢跑、爬楼（或者爬山）、持续跳绳等持久的高耗能运动，可以采取如下方式来掌握行意合一技术。

首先确保意识在最佳享受状态（或者说最不痛苦的状态），在此基础上，逐渐增加速度、力度或者时间，让享受过程来得更加强烈和持久（增加速度、力度和时间是为了增强享受，所以要“聆听”身体感觉，循序渐进，否则会适得其反，让运动变得痛苦，还容易受伤），逐渐至身体所能达到的最大值，这是个熟能生巧的过程，不能操之过急。

持久的高耗能运动，如能达到行意合一状态有下面两个优点。

1　让人情绪高涨、更快乐。高耗能运动能产生较多内啡肽，增强激情和活力，使人们的整体生活变得更加快乐。

2 行意合一使得慢跑等高强度有氧身体活动变得易于坚持，甚至为之疯狂，欲罢不能，更容易达到世界卫生组织《关于身体活动有益健康的全球建议》中提出来的每周进行75~150分钟高强度有氧身体活动指标，有延年益寿的作用。

第三 短暂的剧烈运动——高强度间歇性锻炼。

对大步爬楼、快速跳绳、快速跑步、俯卧撑、单杠引体向上等运动来说，可在上面两种方式之间取平衡，即两种方式都尝试，然后逐渐找到适合自己的平衡点。体力体能较好者，可多采用第一种方式，先注重动作的整体性和连贯性，达到速度、力量等最大值，反之，则多采用第二种方式，在确保最大享受的基础上，逐渐增加速度、力度或者时间，直至自己所能及的最大值。

总的来说，短暂的剧烈运动，达到行意合一状态时具有两个优点。

1 可以让肌肉、骨骼、心肺及整个身体受到非常充分的锻炼，还能锻炼到普通锻炼很难涉及的深层肌肉。

2 可以产生非常强烈的愉悦情绪。

作为高强度间歇性锻炼，每天只需5分钟（间隔完成）即可。对生活节奏较快的中青年人来说，这是一个很好的选择，有助抵消久坐风险。

案例分享

前面介绍了很多运动如何达到行意合一状态的实践方法，运动不仅可以是无比快乐的，运动带来的健康也能被充分感知，这些感知可以引导我们更好地运动。

为了更好地帮助读者们理解，下面分享几位朋友运动时的快乐体验，仅供参考。

跑完步，像受了一次洗礼

小莉是个慢性子，刚上大学时就连日常走路都是散步式的，被同学们戏称为班上走得最慢的女生，体态也不太好，日常总是含胸驼背，一个20岁出头的小姑娘，看上去却很没精神。她曾为自己思维不够活跃而郁闷，为自己看起来病恹恹而苦恼。她不知道其中的深层原因，后来却发现运动可以解决上述的郁闷和苦恼。

小莉在大二的时候迷上了跑步，发现原来平时那么安静的自己，也可以动起来，也可以活力四射。跑步时，她不会强求自己一定要跑几圈，不想跑了就会停下来，有时甚至连两圈都不到就会停下来。每次跑完，整个人就像受了一次洗礼，开心不开心的事情都会淡化下来，多余的精力被释放，思维的活跃性也被无形地调动起来。她发现，那段时间精神更易于集中，更容易在短时间内完成一项学习任务或是其他事情。她觉得应该是运动更能让一个人充满活力，精力充沛!

运动让学习更有效率

程城说在考研的那一年，体验到了运动带给他的最佳益处。以前走路，为了欣赏路边风景，总是走得很慢，以至于自己太过平和，没什么激情。但是考研的时候，为了节省时间，总是走得很快，原来要走10分钟的路程，那时5分钟就可以走完。后来慢慢地发现，因为快走，早上能够让自己更快地进入学习状态，脑袋能够从一晚的昏睡中更快地清醒过来，从而使上午的学习更加有效率。

晚上下自习后，程城会在操场上跳绳，喜欢那种上上下下，越跳越快的感觉，有时听到跳绳击打着地面的声音会很兴奋。一天中的这时候是很开心的，什么都不想，什么都可以抛诸脑后，只需全身心投入把绳跳好。跳完绳后，虽大汗淋漓，但感觉自己又有了无穷的力量去准备考试。

后来他高分考上了武汉大学的研究生。

如果你觉得自己的思维不够活跃、精神不佳、效率不高，可以尝试用运动来改观，但要注意以自己喜欢的方式去运动。

运动在每时每刻

宁小倩是中国科学院地理所助理研究员，她很少刻意进行运动，每天的坚持只因为喜欢，喜欢运动时的快乐，喜欢运动时身体的舒展，喜欢运动后浑身的舒服。

为了抓紧时间学习或者多睡一会儿，自初中开始，她一直保持着快走的习惯。快走的一大好处就是感觉自己很有精神，步伐很轻快，整个人的身板都很挺直，而且感觉自己很有自信（当然并不是一直都快走，饭前饭后会慢慢散步）。

大一的时候，她和同寝室的女生喜欢上打乒乓球，于是每天下午都会去玩上很长时间，虽然球技不怎么样，但是她们两个人喜欢互相捉弄对方，喜欢打高球，喜欢伸展自己的身体去接球，在别人看来，更像打羽毛球的架势。但是每次打完球都感觉很舒服，身体舒展开了，加上打球时常和同学聊天，心情变得很好，生活学习中遇到的烦恼都会一扫而光。

她爱动，整个寝室的女生也比较喜欢运动，曾经有一段时间每天晚上寝室的人都集体去跑步，跑完步后大家都反应睡眠更好了，所以也更喜欢去跑步，形成了良性循环。

读了研究生以后，运动的频率比以前增加了。班里的同学都比较喜欢玩排球，男女同学基本每天下午都打排球，并开始加强技术的练习。有时候学习紧张几天没玩，就像缺了什么似的。那时候才真正体会到为什么很多男生喜欢到篮球场和足球场运动，因为运动之后那种浑身舒畅的感觉确实容易上瘾，真是一天不运动浑身就不舒服。

有一段时间她在赶论文，运动少了，整天面对电脑，导致的后果就是颈椎疼，没有运动时和同学的交流，整个人的状态都不是很好。后来运动加上了，颈椎不适没有了，和同学见面次数多了，心理状态也调整过来了。

总而言之，她说快走可以让自己很精神，可以使自己身板挺直，可以让自己更自信。身体舒展开打乒乓球会特别舒服，心情愉快，远离苦闷。跑步后睡眠更好，这会让自己更想跑步，形成良性循环。强化技术锻炼会让人增加对打排球的兴趣。

如果你有精神状态不好、不够自信、躯干不直、情绪失落等不良状态，那么，参照宁小倩的做法或许能有所改观。

第四章

最高效、最持久的减肥妙策

有这样一种说法，大概意思就是一个女人一生中会用约49年的时间在想着减肥这件事。不用细究49年这个数是怎么数出来的，但减肥对于多数女人来说绝对有着“致命的诱惑”，哪怕就是过过嘴瘾。现在人对健康越来越重视，保持好的身材对于男女老少都是“重要课题”，只是肥来得容易，去得艰难，着实苦恼着很多人。

不过现在，你已经了解了行意合一，那么减肥这件事就变得简单了。从运动的角度来说，行意合一状态下的运动是最好的减肥塑身方法，高效、易行，而且能为普通人所理解、掌握和应用。

行意合一状态下的运动，太适合减肥塑身了

在行意合一状态下的运动，是全身性的，燃烧脂肪快，塑身效果佳，最棒的是容易坚持，所以非常适合减肥塑身。

最利燃烧脂肪

减肥的关键在于燃烧脂肪，在于耗能。而行意合一状态下的运动正好最利消耗体能，使各种活动的耗能达到最大值。

首先，行意合一强调整体性运动，使走路、俯卧撑、单杠引体向上、爬楼、洗衣、拖地等活动的耗能均能达到最大值，使得日常生活中涉及体力的活动都能达到最利减肥的状态。

其次，对慢跑等持续性高耗能运动来说，能否坚持下去才是关键所在，行意合一能让人爱上运动，为之痴迷，将高耗能运动进行到底，想不减肥都难。

简而言之，行意合一状态下的运动使得方方面面的体力活动耗能达到最大值，是最利减肥的。

■ 塑身最佳

在行意合一的状态下，人们运动时的整体动作使身姿趋于高挑、挺拔，运动的过程就是塑身的过程。

这是每个人都可以直接感受到的，你不妨对着镜子看一看自己在行意合一状态下的身姿，下面以快走为例说明这一点。

□ 塑造平滑有力的小腹

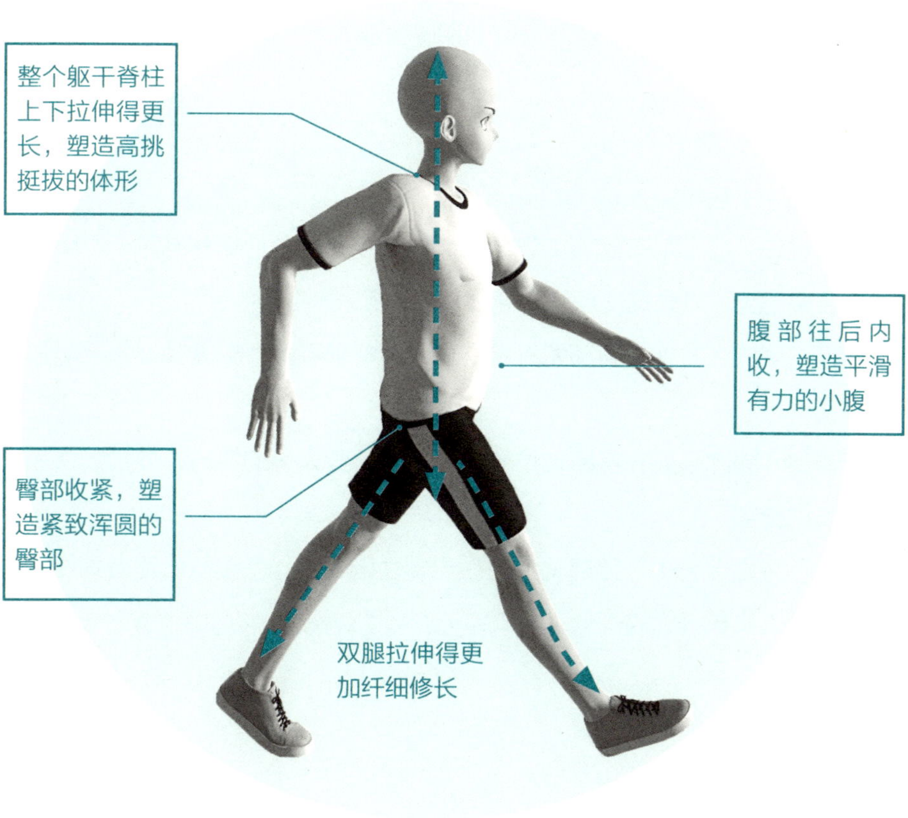

先站立不动，然后开始行走，你就会发现小腹内收得紧凑了一些。

试着加快行走速度，你会进一步发现，小腹也会跟着收得越发紧凑。行走速度越快，小腹就会收敛的越发明显。

因为一旦加大蹬地力度以及加快行走速度，上身就会后仰，人就会本能地收腹以保持前后方向的平衡，从而塑造平滑有力的小腹。

因此，行走尤其是快走可以使整个躯干脊柱上下方向更加挺拔，前后方向更加收缩，通过臀部、腹部前后左右方向往躯干中线上收得更紧，从而塑造出平滑有力的小腹。

□ 塑造紧致浑圆的臀部

从站立不动，到开始行走，再到加快行走速度，你同样会发现，臀部也会收得越发紧，所以，行走也可以塑造紧致的浑圆臀部。

□ 塑造修长大腿

对着镜子（或者观看他人）行走，你就会发现，在前腿着地时，双腿被拉伸得最长。步幅越大，行走速度越快，腿部被拉伸得越长。

很多减肥的人发现，腿部尤其是小腿肥肉特别顽固，极难减下来，敲打、压腿都不好使。

行走时，腿部是处在不断地拉伸中的。不需要太多的花样，多走、快走就可以塑造修长的腿部。

其实，只要走起来，腿部就会处在节奏性张弛中，就会练出富有弹性的流线型肌肉，塑造出修长纤细的腿形。

□ 塑造挺拔脊柱

不论人在坐着或站着时将脊背保持在何种状态，但只要走动起来，都会本能地将后背拉伸得比较直，使身体保持在相对挺拔状态。行走越快，脊柱伸展得越直。

有意识地将脊柱保持在挺拔状态，也可以更好地增大蹬地力度，促进快走。

所以，快走是塑造挺拔脊柱的最好方法。

塑造优美曲线

快走时，支撑腿会蹬得更直，人处在更加修长的状态，S形脊柱也会被拉伸得更直，躯干更加挺拔，尤其是身体被蹬离支撑腿的瞬间，躯干、大腿均会被拉伸得最长，身材会比平常高挑。

对着镜子行走，人们会轻易发现，身体在行走特别是快走时变高了，尤其是身体被蹬离支撑腿的瞬间，身体变得高挑、挺拔了，形成高于日常站立时的行走身高，多行走，则自然会塑造接近行走时的高挑挺拔的身材。

速度越快，整体性和连贯性越强，越趋于行意合一，塑身效果越佳。

不仅走路如此，跑步也是如此，而且，跑步较快走塑身效果更佳，不需要多快，只要跑起来，就能发现（跟快走一样，直接感受或者对照镜子看），身材自然高挑挺拔（形成比平常更加挺拔的跑步身高），四肢拉伸得更加修长。

如果你的体形不够挺拔苗条，那么，坚持跑步一段时间后，或许就会产生像以下6位朋友一样的奇迹。

"才跑了2个月，小腹和臀部变得小多了，更加紧致有力了。"

"没跑多久，背紧实多了，而且腰、腹明显变小了，体重没怎么下降，但周围人都说我瘦多了，好开心。"

"跑了一个暑假，变高了点，走路时也自然昂首挺胸，很精神。"

"跑了一段时间后，苗条了，腰变细了，屁股变小了，小肚子没了，但胸也变小了，不过却更加轻盈和坚挺了。妈妈说这样才好，有质感，胸大了未必好，尤其是胖的，到了一定年龄都会下垂。"

"跑了1年，体重由72千克下降到51千克，脂肪肝没了，读书时驼背的体态完全消除了，身材尤其地挺拔，气质胜过空姐。"

"坚持每天跑5000米，跑了半个月，含胸驼背的习惯没了，人显高了。"

实际上，像爬楼、跳绳、洗衣、拖地、擦桌子、打球等几乎所有的节奏性运动都是如此，特别是进入行意合一状态，对塑造高挑、挺拔、苗条的体型都大有益处。

爬楼、跑步可以塑造比平常更加高挑、挺拔的身材

■ 最易坚持

运动太痛苦，坚持不下去是很多超重者减肥失败的一个根本原因，而达到行意合一状态时，会爱上运动，为之痴迷，欲罢不能，从根本上解决了运动无法坚持的问题。对缺乏毅力的普通人来说，再没比这更好的事情了。

严重超重者如何减肥——快乐第一

体重超重者[1]往往更难坚持运动，超重越是严重的越是如此。因为，享受运动的关键在于具有较高的运动技能，且技能与挑战保持着一定平衡。而超重者往往运动技能偏低，更容易产生冷漠或者焦虑的情绪。尤其是急于快速减重的人，常常会选择挑战性较高的运动，如设定45分钟以上的跑步时间和较快的跑步速度等难以达到的标准，这很容易让人产生焦虑情绪，而且，急于求成还容易导致受伤，而身体上的伤痛又会进一步加深不良情绪，从而使减肥失败。

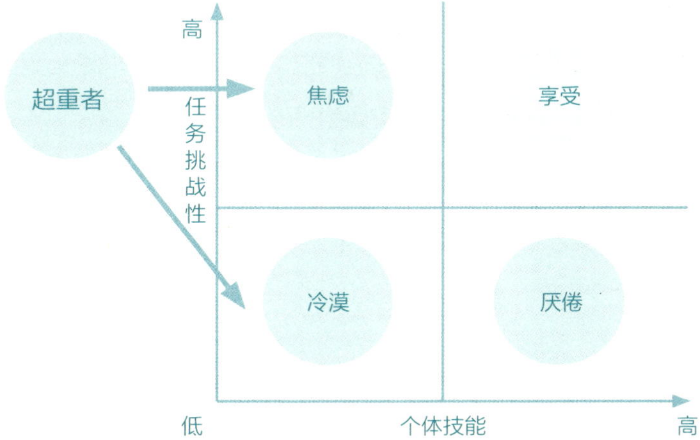

因此，超重者往往是最讨厌和害怕运动的群体，原因虽然很多，但方法上被误导了是很重要的一个因素，比如过于轻信外在的标准和方法，坚持过长的时间和过大的运动量，轻信心灵鸡汤，以为自己的意志力是不可战胜的，等等。

对于讨厌运动的超重者来说，坚持运动的关键在于保持技能与挑战的平衡，并要循序渐进，先让自己舒服了，在技能不断提高的过程中，会越来越享受到运动的乐趣，慢慢爱上运动，坚持下去，自然能成功减肥。

---

① 体重是否超重可以参考身体质量指数（BMI）。
BMI= 体重（千克）/ 身高（米）^{2}

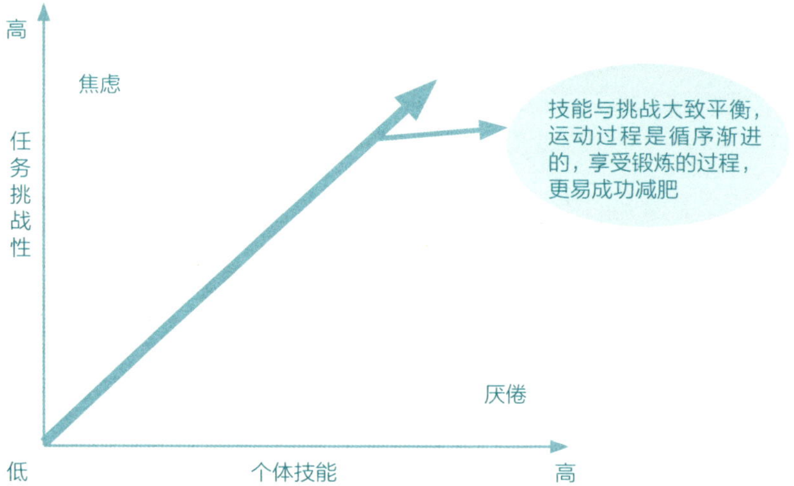

本书作者之一丛远新所指导的一些超重朋友之所以能成功减肥就是出于此故，其中一位曾经以为这辈子跟健康无缘的超重者，在他的引导下改变了观念，跑不动就快走，快走不行就慢走，总之让自己舒服，循序渐进，慢慢享受到运动的乐趣，最终成功减肥，下面附上他的减肥历程供读者参考。

BMI分类	WHO标准	亚洲标准	中国参考标准	相关疾病发病的危险性
偏瘦	<18.5	<18.5	<18.5	低（但其他疾病危险性增加）
正常	18.5~24.9	18.5~22.9	18.5~23.9	平均水平
偏胖	25.0~29.9	23~24.9	24~26.9	增加
肥胖	30.0~34.9	25~29.9	27~29.9	中度增加
重度肥胖	35.0~39.9	≥30	≥30	严重增加
极重度肥胖	≥40.0			非常严重增加

我的减肥历程

——某美国企业中国区总裁

我一直以来都为肥胖而烦恼，而且肥胖已给自己带来了危害，“收获”了高血压、脂肪肝等疾病。年龄越来越大，腰围越来越粗，感到很惶恐，所以我一直想减肥。为了减肥，我问过很多朋友，他们提供的办法各种各样。包括饮食法，在一段时间内只吃肉不吃淀粉类的东西；针灸疗法，针灸时一顿饭只能吃某一种食物，如虾或肉类；去医院做抽脂手术；喝减肥茶排油等。还有一些锻炼方法，如每天游泳，连续跑35分钟，做仰卧起坐，使用甩脂机等。

但我光听听就害怕了，觉得自己难以做到。比如饮食法，只吃肉不吃饭，对我就是不可能的事；针灸其实我觉得是个幌子，根本就是节食；抽脂好吓人；减肥茶会伤害身体，比如对肝脏有损害；甩脂机根本就是假的，没有消耗怎么会减肥；连续跑35分钟我做不到；游泳倒是办过一次卡，坚持了3个月没有什么效果就放弃了。可能我这一生也减不掉了，但现在这个年代，胖不光对身体不利，还是懒惰、穷的代名词，我想减肥！但一直拖了很多年，没有办法。

有一次，我和从远新交谈，跟他说我自己的烦恼和顾虑，他告诉我，不要相信太多的方法。总体上来讲，如果一件事情，你很乐意去做，你就能坚持长久。如果不愿意，就会放弃，这是人的本能反应。以上种种方法，如果你认为很痛苦，就说明这种方法不可行，应该放弃。另外，每天只要总摄入量小于总消耗量，自然就可以减肥了。他说人的任何活动要愉悦、和谐才能长久。比如减肥不一定要通过激烈的方式，也可以通过走路来解决，这样既有效又省钱。

我觉得他说的很有道理，如果说一下让我跑35分钟或更长时间很难做到，那么走路是没有问题的。可以快走，不舒服的话，可以先慢走，等适应了没有问题后再跑步，只要自己高兴就行，不要勉强自己。鉴于以往，我游泳减肥没有效果而放弃，这次我决定买一个电子秤来检测自己的成果。

首先，我买了一个精密电子秤，可以测量体重、水分以及体脂率。然后买了一个计步器，用来测运动量。还买了一些普洱茶，帮助减肥。开始我每天大约走3千米，然后称重。坚持了大约3个月减下去6.5千克，腰围也缩小了6厘米多，这是我第一次减下来这么多，而且我认为我还可以再减掉10千克。以前我曾经想，如果每斤肉可以花5万块能减掉的话，我愿意花钱，只要不让我痛苦，我相信很多人有类似的想法。现在我没有花什么钱，就将体重降下来了，感觉身体状态也比以前好多了。

为了便于与大家分享，我再把自己的经验总结一下。

1 运动是减肥的好方法，走、跑都可以，只要你感觉不吃力，愉快就能持久。

2 最好买个电子秤来称量自己的体重，不然很有可能看不到效果就放弃了。

3 运动减肥不但能减掉体表脂肪，还可以减掉内脏脂肪（胖的最大问题），可以使身体更健康。

4 不要采取一些极端的方法减肥，对身体不好，效果也不好。

1年后，这位朋友成功减肥9千克，舒张压降低了15，血压恢复了正常，轻度脂肪肝消失。并且反应精力更加充沛，精神状态非常好。

后来，他在跟丛远新聊天时说："本来我对减肥已没有信心了，以为今生永远不能与健康为伍了。但和你交流后确实改变了我的观念。让我懂得，只要坚持正确的方向，持之以恒，日积月累总归会有成果的。你有几点启发了我，一是沙漏型身材才是最好的，而不是单纯的瘦。二是要感到快乐才行，不快乐的事情不长久。使用真正有效的方法本身就很快乐。我最认同你的就是这几点，1. 有效运动是保持良好健康的最佳方式。2. 集中精力是改善工作效率的有效方法。3. 日积月累，循序渐进，总归可以达到目标。"

超重者对整体生活的感观常常更加丰富，选择了合适的锻炼方法不仅对身体有益，对整个生活也会带来美好的变化。愉快地运动后，身体上变得舒服、惬意了，心里平和了，吃得更香，却不用担心长胖，睡得更甜，醒后大脑更加清醒、锐利、敏捷，学习、工作效率更高，使人更具激情和活力，让人看起来更年轻健康，美丽漂亮！

如何选择高效的减肥运动项目

尽管行意合一可以将各项运动的减肥塑身效果发挥至最佳值，但不同运动项目的减肥、塑身效果还是不一样的。我们认为，最利减肥的运动项目为快走、跑步，以及含有走跑的各种全身运动，比如篮球（打全场）、羽毛球（单打）、跳操、爬山、爬楼、跳绳等。这些整体性运动所消耗热量远非单手握举哑铃等局部性的运动所能比的。

一位80千克的超重者若去健身房握举5千克的哑铃，每次举高15厘米，很有可能20次就累得没劲了（手臂的力量与大腿相去甚远），所消耗的体能（仅考虑对哑铃做功）大约是他爬上20米高的7层楼体能的1%。

而且，爬楼这种高耗能运动结束后，脂肪还会燃烧较长时间，爬楼速度越快越是如此。而握举5千克的哑铃结束后，则脂肪很难继续燃烧较长时间。

无须花费一分钱的人人皆可为的简单活动往往却是减肥效果最佳的。很快就能将手臂累得失去感觉的“高级健身”运动却可能是减肥效果最差的。

因为前者抓住了主要矛盾，推动了整个80千克的身体在运动，所消耗体能当然远非局部肢体运动所能比。

双腿推动全身移动就是最好的减肥运动，不仅耗能高，而且还可持续较长时间。

如果觉得爬楼太累，难以持续，则可跑步，如果跑步还是觉得太喘，则可快走，这是每个人都能做到的，而且效果很好。总之，必须抓住主要矛盾，从事全身运动，减肥自然就很容易。

走、跑、跳等减肥效果也可以被人们轻易感受到，大体来说，耗能越高，心跳则越高，只需通过脉搏测量一下自己的心率即可。

最简单的，往往反倒是最有效、最实用、最易行的！

行意合一：拉伸圣经

“拉伸”，可以说是近年来一个很热的词，很多人已经养成了在运动前后进行拉伸练习的习惯了。不过，目前在拉伸方面存在一定争议。世界卫生组织《关于身体活动有益健康的全球建议》和《美国人身体活动指南》第二版未专门提出建议，中国的《全民健身指南》则建议运动前后进行拉伸。本书则认为，对普通人而言，拉伸应体现在行意合一过程中。

由于缺少运动导致现在很多人柔韧性变差，韧带筋腱缩短，弯腰驼背，步幅短小……不仅影响体态，更影响了身体健康。

因此，适度锻炼非常重要，可防止早衰，有益身心。前面已经举过一些例子了：

跑了一个暑假，变高了点，走路时也自然昂首挺胸，很精神。

跑了1年，由72千克下降到51千克，脂肪肝没了，读书时驼背的迹象完全消失了，身姿尤其地挺拔。

人们在走跑时，会自然拉伸双腿和脊柱，形成了较日常生活更高的“走路身高”和“跑步身高”，缺乏运动者进行走跑锻炼后，能塑造出更加高挑、挺拔的身姿。

然而，并不是所有的锻炼都有快走、跑步一样的自然拉伸效果，一些专家发现，很多人从事某些所谓“健身运动”时，依然弯腰驼背、步幅短小、四肢未伸展开，于是创编了一些拉伸运动以弥补“健身”的缺陷，并将拉伸扩展到其他各种运动项目中，使得各种拉伸项目多如牛毛，不同专家创编的拉伸项目常常各不相同，甚至还有相互矛盾的地方，让普通民众无所适从。

还有专家警告：“拉伸运动有28个误区，错1次毁掉全部努力，还会造成严重伤害”。“拉伸必须学习专门的技术，必须遵循严格的程序，必须由非常专业的教练指导进行，否则，一旦方法不对，会导致受伤等不良后果，有些伤害还是永久性的。”

事实上，很多专家的拉伸理论并没有被科学研究证实，尤其是运动前必须拉伸的理论，已经被大量研究证实是错误的。有研究表明，对绝大多数的运动项目来说，运动前拉伸并不能有效降低受伤概率，更不能防止受伤事件的发生，研究还表明，运动前拉伸会导致力量下降，影响锻炼效果，如果强行提高效果，有受伤的风险。

现在很多拉伸专家都反对普通人在跑步等常规运动前做拉伸准备了，一般只建议运动前做做热身。

关于运动之后拉伸可消除延迟性肌肉酸痛[①]的理论，现在也存在争议。有科研人员找来一批志愿者进行试验，发现拉伸无助消除延迟性肌肉酸痛，但也有专家说，拉伸消除延迟性肌肉酸痛只对部分运动有效，而且，方法特别严格，如果不对（如时间太长、拉伸强度太高或者太低）就无效。

总而言之，对普通人来说，常常面临一个困难的抉择。

一方面，缺乏快走、跑步、爬楼等运动导致柔韧性变差、韧带筋腱缩短……

另一方面，专业的拉伸运动可能弥补上述缺陷，也可能没效果，还可能起反效果，各种争议，让人无所适从。

本书郑重建议，如果缺乏快走、跑步等运动导致柔韧性变差，那就通过规律的运动来解决这些问题，普通人都能做到，还不会产生副作用。

在自然的运动中让身体受到合理的拉伸才是王道。

本书所推荐的行意合一理念能让人的身体在运动过程中受到最好的拉伸，所谓的很多专业的拉伸技术并不能与此相比，而且，对于普通大众来说，既容易理解又能轻易做到。在运动的过程中既能通过眼睛直接观察到拉伸开的体态，又能亲身体会拉伸的感觉。

---

① 延迟性肌肉酸痛：机体从事大运动量，特别是开始一项新运动，运动项目改变或运动强度突然增加后，一段时间内出现的肌肉酸痛现象，英语简称 DOMS。

行意合一让运动本身变成最佳的拉伸运动

自然界中，动物是不需要拉伸的。

比如老鼠看到猫后，不可能说："猫咪大叔啊，你先等会儿，待我压好腿，伸好腰，做好拉伸准备再来追我吧……"

长期在地里干活的农民劳作前和行军打仗的战士战斗前也是不需要拉伸的。

这是什么道理呢？下面以行走为例来简单说明一下。

运动生物力学专家在研究行走时曾闹了个大笑话，他们以为，刚点瞬间（双支撑瞬间，前脚刚刚着地瞬间，也是前后脚分开最大的瞬间），身体重心最低，身高也最低。

似乎谁都能理解，前后脚分开得最大，身高当然最低啦。可后来专家们进一步研究时发现，慢走时确实如此，可快走时却刚好相反。

因为快走时会节奏性地拉伸身体，至刚点，身体拉伸至最大值，形成了超过平常的"行走身高"。行走速度越快，整体性和连贯性越强，越趋于行意合一，拉伸效果越佳。

运动生物力学专家曾经以为人的行走身高是如图这样的

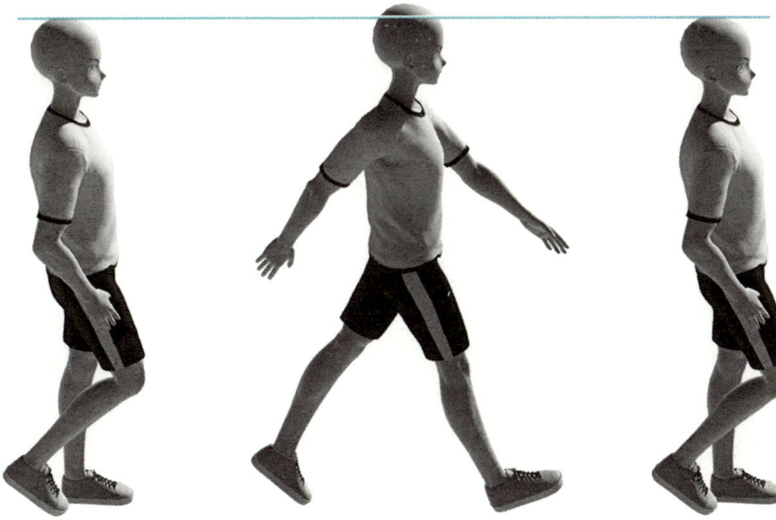

快走时是这样的

而且，这种拉伸是整体性的，至刚点，四肢、脊柱等整个身体均处在最大程度的对拔拉长状态。

摆动腿及同侧胯向下伸展至最长状态，同侧肩则向上伸展至最长状态。摆动腿同侧胯（骨盆）向前转动至最大值，摆动腿同侧肩则向后转动至最大值，异侧肩则向前转动至最大值（行走较慢者感觉不明显，跑步时，一般都能感觉到）。支撑腿蹬伸至最大值，且超过了正常站立时的长度。

总之，此刻四肢（包括肩、胯）均呈最大伸展状态，且四肢的摆动角度均达到了最大值。

此刻脊柱还处在最大程度高挑挺拔状态。这是锻炼腰、背、颈的好方法，也是每个人与生俱来的最自然的锻炼方法，是防治腰椎、颈椎疾病非常好的方法。大家也应明白为何久坐会导致腰、背、颈伤痛了吧？因为相应部位得不到应有的锻炼，一旦进行走、跑等自然性的活动后，就会缓解和恢复，因为这些自然性的活动正好可以使之受到全方位的均衡锻炼。

总之，整个身体全都处在“一开俱开”“一伸，统身皆伸”的伸展状态，肩、胯、臂、腿、腰、背、颈等所有的器官同时拉伸开来，这是任何非自然的所谓的专业拉伸动作所不能及的。相比于历经百万年进化而来的精妙无比的天生的人体智能，拉伸专家们的专业水准只能是沧海一粟。

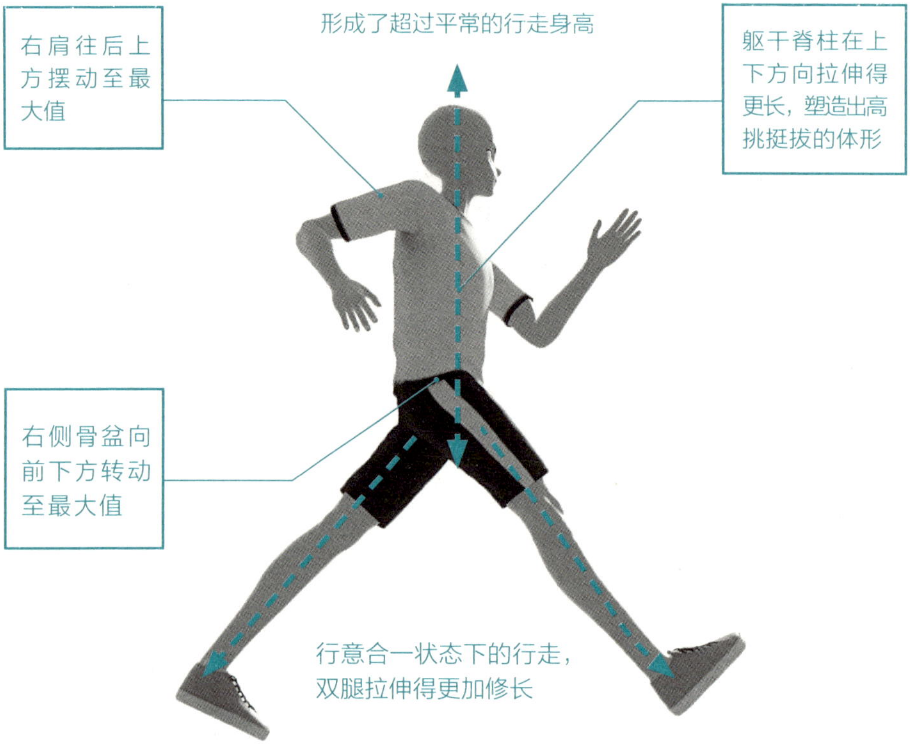

行走时拉伸的好处远不止如此。这种自然的拉伸非常轻松，借由蹬腿力量，人们不经意间就会本能地将脊柱伸展至非常挺拔的状态，顺势利用支撑腿提供的离心力，我们也会在不经意间本能地将摆动腿伸展至最大值……

行走时的拉伸非常自然、舒畅，极具节奏感，这种节奏感完美至极！

每一步自然地拉伸一次，循序渐进中拉伸至最大值，而后又放松下来，循环往复。没有任何疼痛，只有振奋、愉悦、舒服，以至我们正常行走时都感觉不到身体的拉伸（拼命挑战极限的竞走运动员例外，有时会由于持续的过度拉伸而抽筋，也有因过度的超越将后背拉伸疼的）。而各种非自然的所谓“专业拉伸”常常会费劲地将人们弄痛。

因此，对普通人来说，坚持行意合一，就能让身体得到很好地拉伸。

不只是行走，跑步、爬楼、打球、跳绳、拖地等各种运动都是如此。如能达到行意合一状态，则每次至刚点，身体都会得到一次全方位的拉伸，这种效果远非各种单纯的拉伸动作所能及的。

另外，对普通人来说，坚持行意合一，在各种运动中将身体充分拉伸好，远比某个时间段专门从事所谓的拉伸运动要好得多。

最重要的拉伸是运动过程本身

对普通人来说，行意合一可以让各种运动本身变成最好的拉伸运动。反过来，运动过程中的合理拉伸也是促进行意合一的一个关键因素。

从动作的角度来说，一方面在刚点瞬间充分拉伸开可以达到最大速度、力量。另一方面在受外来冲击力之前充分拉伸开，可有效缓解冲击力、降低身体受伤的风险。

从意识的角度来说，拉伸可以使人振奋、愉悦。

拉伸的一个重要作用在于促进行意合一，如果运动过程本身没有达到行意合一，却在运动前、后拉伸，这其实是本末倒置，丢了西瓜拣芝麻。

膝关节由70°增加到170°，蹬地力量可由体重的1倍增加至6倍多

前面第二章已经提过，从运动生物力学角度来说，动作拉伸质量越高，发力效果越佳，如膝关节由70°增加到170°，蹬地力量可由体重的1倍增加至6倍多。

因此，高质量的拉伸是有效发力的一个关键因素。

下面简单介绍一下前面介绍过的一些运动是如何在运动过程中进行拉伸的。

快走

快速行走时，身体（脊柱及四肢）充分拉伸开后，步子大，速度快，精神振奋愉悦。

跑步

跑步时的拉伸不仅利于蹬地，还利于前脚着地缓冲，从而减少冲击力，保护膝盖。

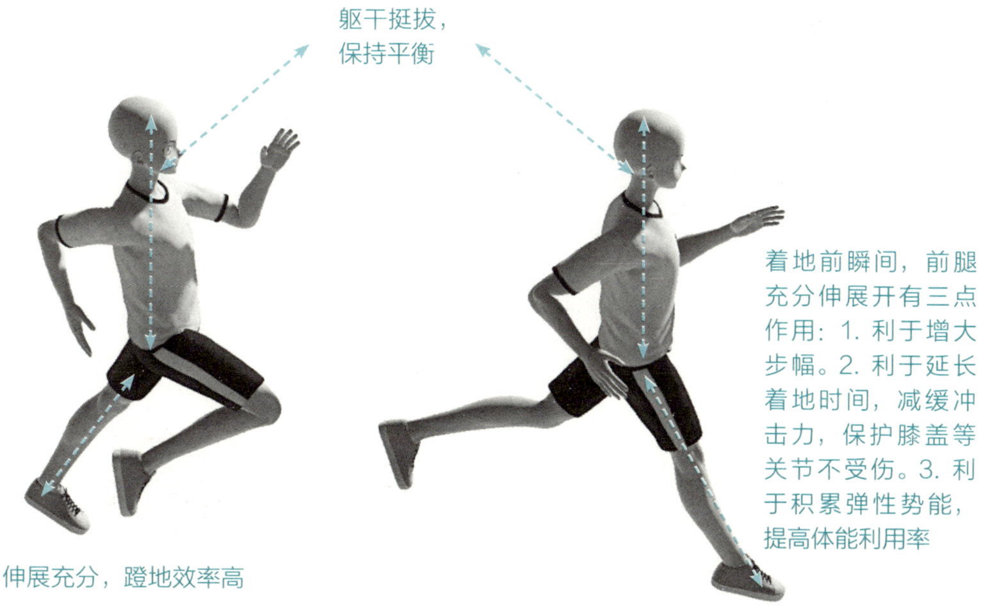

俯卧撑

做俯卧撑时，肩、臂充分拉伸开可以大幅度增加推地力量，是将身体从地面快速推离甚至跃起的必要因素。

拉伸在不知不觉中就进行了。

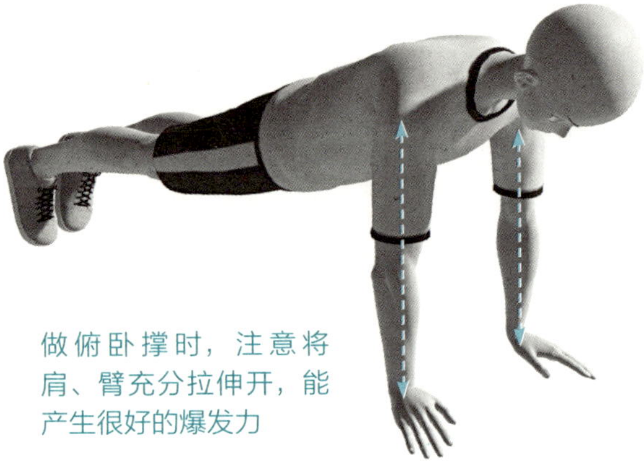

做俯卧撑时，注意将肩、臂充分拉伸开，能产生很好的爆发力

单杠引体向上

在引体向上之前，将整个身体充分拉伸开成反弓形，然后再收缩整个身体，引体向上，速度可以达到不拉伸的多倍，产生最大强度的拉伸爆发力，意识也很振奋、舒畅。

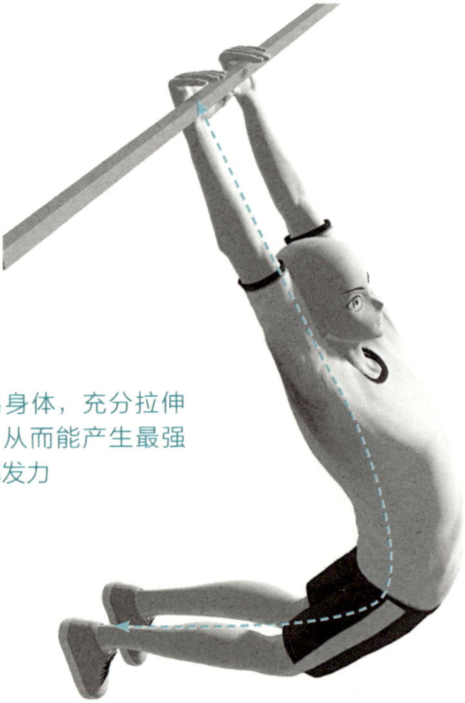

反弓身体，充分拉伸开，从而能产生最强的爆发力

爬楼

走着向上爬楼梯时，后腿蹬离地面的瞬间，身体应充分拉伸开（包括支撑腿和整个脊柱），可以达到较好的蹬地效果，精神也振奋、愉悦。如果是跑着向上爬楼梯，身体充分拉伸开的作用更加明显，不管是蹬地效果还是精神的振奋、愉悦程度都是如此。

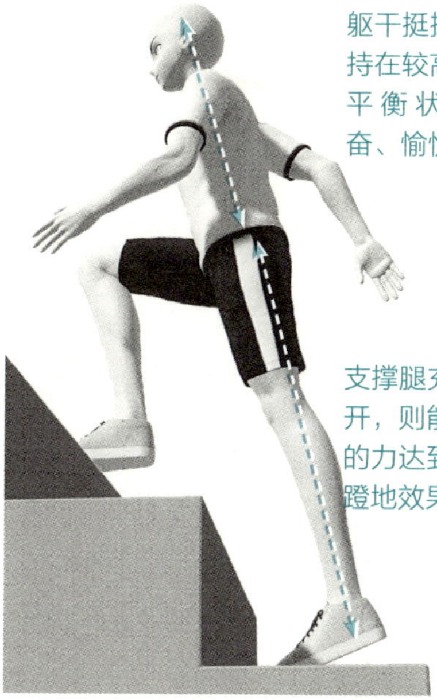

走跑下楼

走台阶下楼时，在前脚着地瞬间之前将身体（前腿及整个脊柱）充分拉伸开，并在着地瞬间放松缓冲，能有效降低冲击力对膝关节的伤害，如果是跑着下楼，那么，充分拉伸开身体的优势更加明显。

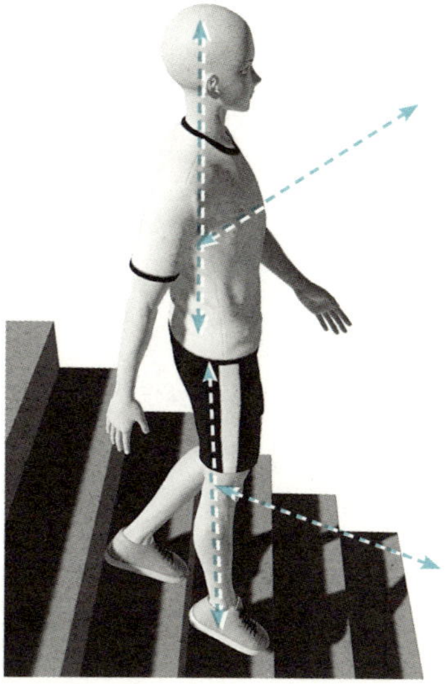

有调研发现，高楼（无电梯）住户膝关节炎的患病概率比住平地的要高出20%，所以下台阶时，拉伸身体时保护膝盖的作用是不可小觑的。

总而言之，运动过程中高质量的拉伸可以使走路、跑步、爬楼、单杠引体向上、俯卧撑等运动达到最佳速度、力量，并能减缓冲击力，避免受伤，还能使人振奋、愉悦，进入行意合一状态。

离开了运动过程再拉伸往往是本末倒置，甚至还会起反作用。

比如跑步或者走跑下楼时不积极拉伸开身体缓冲，对身体的冲击伤害可能已经形成（新陈代谢较低的老年超重者尤其如此），运动结束了再拉伸已经失去意义了。

在运动之前各种拉伸，但到了跑步或者单杠引体向上等关键过程中不拉伸开，那么，运动之前的拉伸则无价值可言。另外，运动之前的拉伸大多会对运动过程中的拉伸起反效果，多项研究表明，运动之前拉伸会降低运动过程中的拉伸效果，使最大力量下降7%~30%。

因此，对普通人来说，运动过程中的拉伸才是最重要的，可以使单杠引体向上等运动达到数倍的力量效果，可以减少下楼梯和跑步时膝盖受伤的风险，可以使精神更愉悦。

普通人最需要的是在走路、跑步、爬楼、跳绳、洗衣等日常生活和运动过程中拉伸开身体。这最简单，而且也最快乐。

行意合一状态下的拉伸优势

对普通人的运动锻炼而言，相较于很多专业的拉伸运动，行意合一状态中的拉伸运动具有很多优势。

1 简单，一般人都能理解。

2 易行，一般人都能做到。

3 高效，节奏性运动中，每个周期都能让整个身体受到均衡地拉伸，远非局部静力拉伸所能比。

4 实用，由于渗透到走路、跑步、爬楼、洗衣、洗碗等生活各个方面，让所有的体力活动都在很好地拉伸身体，这远非每天拉伸一会儿所能比的。

5 合乎正常人的需求，在运动过程中自然拉伸身体可以极好地促进速度、提高力量，降低受伤风险，愉悦心情，促进行意合一，这是拉伸对运动的根本价值所在。离开运动过程本身去拉伸其实是丢了西瓜捡了芝麻，没有什么价值，甚至还可能起反作用。

最后再声明一下，本书主要针对普通人的运动锻炼进行讨论，对少数专业运动（舞蹈、竞技武术套路等）项目，拉伸是有益的，至于如何拉伸，请遵循相应领域专业人员的指导。

第六章

脑力活动启示

有人认为，运动锻炼可以启迪智慧，塑造各种美好的性格。但如何启迪智慧、塑造美好性格，却鲜有说得清的。实际上，现代奥运之父顾拜旦也有类似的想法和困惑。他创办现代奥林匹克的初衷是“最好地完善人性”。在不断地超越进取中逐渐完善运动技能，并能举一反三，将特定运动时的卓越才华转移到所有活动中去。从而形成一个多才艺的成熟、饱满、完善的个体。

但是，顾拜旦却又不得不承认，那些在水中异常果敢的游泳运动员在上岸面对人生海洋的波涛汹涌时，却可能变得灰心丧气；击剑场上目光敏锐的运动员来到人生的战场中，却可能失去了洞察力；国际象棋棋艺杰出者并未表现出过人的视觉空间智能；杰出的赛马职业裁判也未表现出过人的数学能力。另外，语文出色者数学未必佳，生物出色者政治却可能很差。

脑力活动与体力活动以及不同脑力活动之间，有着截然不同的差别。

不过不同的脑力活动之间也不是完全没有联系，如中国传统文化的道家、儒家都注重相通，武术、书法、中医、音乐等都能通到文化上，都能通到行意合一。

西方学科界限分明，差异很大，但是根据心理学家对有杰出才华以及创新能力的人的研究表明，优秀的事物同样具有一定的相通性。

本书所说的杰出才华，是指各领域专业技能杰出者；所指的创新能力，是指在各领域有新的发现、发明者。

杰出才华更多的是对已有知识的学习能力，创新能力更多的是对未知问题的解决能力。

具有杰出才华相对容易，各行各业的顶尖专家都是，但是具有创新能力相对较难，这需要解决新的难题，推动整个行业向前发展，牛顿万有引力定律的发现和爱因斯坦相对论的发现都是典型的创新，非一般顶尖专家所能及。

下面就杰出才华和创新能力做一定探讨。

杰出才华

人们在运动时进入行意合一状态时，表现出高度的整体性和连贯性两大典型特征，其中，整体性可以产生最大速度、力量等效果，连贯性可以将不同时刻的动作效果累积起来。

非常有趣的是，心理学家研究发现，国际象棋大师等杰出人才的思维结构也具有类似的典型特征：高度的整体性和连贯性，这与传统武学所推崇的行意合一理念相吻合。

■ 整体性、连贯性思维为杰出才华人士的共性

研究人员发现，象棋大师的一大过人之处在于具有超强的整体性，瞟上几眼就能记住整个精湛的棋局，因此常常能同时跟十多个人对弈并取胜。而且这种整体性优势具有普遍性。

桥牌高手多场牌局后，仍记得出过的牌。

资深音乐家听过一遍音乐就能写出乐章的曲谱。

计算机程序设计师能重组大量的计算机编码。

…… ……

爱因斯坦在介绍其过人优势时曾说：“我易于从整体上切中要害，但无法轻松从事数学运算，那既非我所愿，也非我所长，其他人可以在这些细节上做得更好”。

杨振宁指出：“现在很多人研究物理就是在那里算东西，实际上没有看到一个十分清楚的物理图像，这个图像其实比那些演算更重要”。

物理大师弗里曼·戴森在一次演讲中指出，他与费米（中子物理学之父，杰出理论和实验技术的天才）短短20分钟的交流所获比从奥本海默（著名物理学家，“曼哈顿计划”的领导者，被誉为人类的“原子弹之父”）那里20年学到的还多。因为费米告诉他，从事物理理论研究有两个方面非常重要：非常清楚的物理图像和非常准确且能够自圆其说的数学形式。

忽视了前者就如盲人摸象，得不到真谛，除非能重生明眸。

事实上，不仅物理如此，即使是被公认最为抽象的数学也是如此，国际数学大师、微分几何之父、“沃尔夫数学奖”（同“菲尔次奖”被共同誉为数学界的最高荣誉）获得者陈省身指出：“好的数学就是应用数学”。

人们曾一度认为，数学发展就是要研究一些数学结构之间相互的、非常美的、非常妙的关系，最终却发现，这些极度美妙的关系反应的居然都是自然而真实的世界，是可以通过直观感受到的整体图像，美妙、简约且又极实在。

有人发现，华裔数学家陶哲轩（世界级的超级天才，被《探索》杂志评选为美国40岁以下最聪明的科学家，年仅31岁就已荣获数学最高荣誉“菲尔茨奖”）可以10秒看完一篇数学论文（熟悉专业领域的论文），表现出惊人的阅读速度。

对于普通人来说，整体性优势也易于理解。举个例子，成年人一眼就能看完“中华人民共和国”几个字。刚识字的小孩就要一个字一个字慢慢念完“中—华—人—民—共—和—国”，才知道其含义，两者的理解差别显而易见。

所谓连贯性，简而言之就是逻辑推理能力。

拿国际象棋来举例，有了较强的逻辑推理能力，就能利用组织完善的连接系统，获取任何想要的细节。

连贯性为数学、物理等高手所擅长，其意义不再详述。

如何才能具备大师们的整体连贯性思维

如何像大师一样，训练出高超的整体连贯性思维，脑力活动与体力活动有着如下一致性。

第一 “10年规则”。

要想在大脑中建立复杂的知识结构，就得不断努力。诺贝尔经济学奖得主、人工智能研究的开拓者赫伯特·西蒙提出了“10年规则”，他认为要掌握任何技艺，10年的艰辛历程是无法避免的，天才们所付出的努力往往是常人难以想象的。

这与顶尖运动员的训练是一致的，没有谁天生就具有杰出的运动技能，都是长期训练而成的。

第二 不断进取，精益求精。

仅有长期的训练远远不够，还需要全身心投入，不断超越和提高，精益求精。

一个经过正规训练的武术或者篮球运动员，能在较短的时间内超过练习多年的业余爱好者。因为前者更多地处在超越和提高中，精益求精，后者相对松懈，水平不易提高。

这与脑力活动也是相通的。

第三 注意放松。

前文提及，体育教练有个法宝，就是“放松”。只要学员技术不到位，几乎都可以用不会放松来解释。放松的最大好处就是能协调全身肌群完成每一个细微动作，从而在速度、力量等方面达到极致。

脑力活动也是如此，研究人员曾对那些能速算、速记的超人进行过研究，发现这些超人在计算或者记忆时，大脑是放松的，脑电波处在α低频率（右脑的天然频率，右脑更善于从整体上思考问题），整个左右脑能同步协调工作，而常人加速计算或者记忆时，脑电波往往会加速至更高的β频率（左脑的天然频率，左脑更善于连贯起来思考问题），使左右脑无法协调，反倒难以迅速思考问题。

因此，要想训练思维的整体流畅性，使自己像天才那样思考问题，就必须学会放松，从而使得左右脑以及脑中的其他区域达到协调，并使思维连贯起来。否则，思维活动会变得片面、低效，而且还容易使大脑疲劳。

在日常生活中要注意放松，如睡眠是最佳的放松方式，数学天才陶哲轩介绍自己管理时间的一个诀窍就是白天适度瞌睡以充分放松身心，提高接下来的工作效率。

创新

创新能力与行意合一理念也有着一定相通性。

一般来说，创新能力强的人往往都具有杰出才华，但是，才华杰出者未必具有创新能力，比如，当今一个顶尖的物理学教授可以轻易掌握最前沿的专业知识，包括牛顿万有引力定律，不过又有几人能像牛顿那样发现万有引力定律呢？

创新者的年龄特征

行意合一在动作方面具有整体性、连贯性的基本特征。这就意味着需要大量时间的高耗能训练，显然年轻人在这方面更具优势，所以运动员的巅峰时期都在年轻时。

非常有意思的是，顶尖科学家最杰出的发现也在年轻时居多。

1666年被称为牛顿的奇迹年，他已经得出了微分学思想，总结出了万有引力定律，还将可见光分解为单色光，在数学、力学、光学三个领域都做出了开创性的贡献。这一年牛顿只有23岁。

爱因斯坦最伟大的三项发现全都在他26岁那年，发表了5篇划时代的科学论文，其中最重要的当然是创立狭义相对论的《论运动物体的电动力学》和《物体的惯性同它所含的能量有关吗》。一年之内，爱因斯坦在布朗运动、量子论和狭义相对论这三个方面都做出了开创性的贡献，这些贡献中的任何一个都足以赢得诺贝尔奖。

除了这两位大名人，普朗克、玻尔、薛定谔、泡利、狄拉克等一大批物理学天才对量子论做出重大诠释时几乎都是20多岁的男孩，以至于有人把量子力学戏称为“男孩物理学”。

创新、探索研究需要非常活跃的思维，还得有大量的持续、专注的脑力活动，70岁的老年人显然不可能跟20岁的小伙子相比，从这个角度来说，“少壮不努力，老大徒伤悲”是很有道理的。

不过需要说明的是，并非所有的脑力活动都是如此，尤其是政治方面的，经验、资历比智力更加重要，一般很难在年轻时获得最高成就。

创新者的行为特征

著名的心理学者、心流理论的创始人米哈里·契克森米哈赖带领学生访谈了包括14位诺贝尔奖得主在内的91名创新者，分析他们的人格特征，总结出这些创新者的一些共同特征，其中有两大共性。

第一 创新过程是快乐的，都享有至美的心流体验，而心流也正好是行意合一时的情绪体验。

第二 创新者能包容相互矛盾的两种极端性格，他们所表现出来的思想和行为倾向，在大多数人身上是分离的。包容并不意味着中庸和平均，也不是处在两极中的某个位置，而是能根据情境的需要，从一个极端转变为另一个极端。

富有创造力的人能充分包容两个极端却不会感到内在的冲突。也可以说，他们的思想更加健全和完善，个性更加饱满，具有更加广泛的兼容性，这种兼容是自内而外的自然流露。瑞士心理学家卡尔·荣格认为，这是成熟的人格。

研究人员发现，富有创造力的人群一般具有以下十个典型特征。

1. 通常精力充沛，但也会经常沉默不语、静止不动。这些群体有着较强的激情和活力，必要的时候能够将精力像激光一样聚焦起来用于工作，放松时善于补充精力，所以经常处于休息状态，睡很多觉。这并不是天生遗传的结果，而是通过试错过程掌握的一种实现目标的策略。

2. 很聪明，但有时也很天真。实际上也就是既善分析也善聚合。所谓天真，是指像小孩子一样，思维自由而缓慢，极具发散性，且非常连贯，能产生各种新颖的观点；所谓聪明，是指能快速区分新颖观点的好坏，从而能避免无用功。

3 玩乐与守纪律或负责与不负责相结合。

4 在幻想和牢固的现实之间转换。如开始进行富有创意的工作时，艺术家会像物理学家一样严肃，物理学家会像艺术家一样放飞思绪。

5 兼容了内向和外向两种相反的性格倾向。

6 非常谦逊，同时又很骄傲。

7 具有双面（同时具有侵略性与合作性、刚强与敏感、控制与顺从）性格，具有创造力的女孩比其他女孩更加坚强、更有影响力，男孩则更加敏感，更少具有侵略性。

8 集传统与反叛独立于一体。不深入某个领域进行足够的学习，便不可能富有创造力。但一味传统只会墨守成规，失去创造性。

9 对自己的工作充满了热情，但同样会非常客观地看待工作。没有热情，很快会对充满困难的任务失去兴趣。但如果不能保持客观，工作就不会做得优秀，而且会缺乏可信度，甚至会带来危险。

10 富有创造力的人的坦率与敏感使他们既感到痛苦煎熬，又享受着巨大的喜悦。

上述道理看似不难，绝大多数人也都能明白，但是由于缺乏训练，大多人难以做到，可谓是“知而不行”。

当然，不可能每个人都成为天才，不过，科学家研究认为，每个人都可以具有天才那样的行为特征，虽然不能有万有引力定律、相对论那样伟大的发现，但却可以在各自的平凡岗位做出小的发明创新，只要训练方法得当即可。如上述第一条道理，要动静皆宜，就是通过试错过程掌握的一种实现目标的策略。

行意合一理念正好具有对这种相互矛盾的极端性格的包容。就运动动作而言，行意合一理念重视动静、快慢、刚柔、开合的节奏性变化，强调这些矛盾是相辅相成的，而且，是符合人类生理规律特征的。

最典型者如刚柔并济，不仅是太极拳的特征，也是所有节奏性运动的特征，顺应这个规律可以发挥最大运动效果。如最顶尖的短跑运动员蹬地力量反倒比一流运动员小，动作更加轻柔。

另外，相较于征服、超越的西方身心二元论，行意合一理念更强调意识与行为的融合统一，这也被科学所证实为最顶尖运动员的共性，同样也适用于脑力活动。

因此，行意合一理念有助于从一定程度上塑造创新性格。

附录 1：行意合一的严格定义

行意合一，即动作行为与意识融为一体，动作具有高度的整体性和连贯性，意识具有享受、专注、连贯的特征，且动作与意识非常和谐统一，具有同步一致（日常生活中，动作与意识常常是异步发生，一般是先有意识，后有动作，所想的未必能做到）和相辅相成（日常生活中，运动动作常常难以促进意识的享受，甚至会促进痛苦）两个特征。

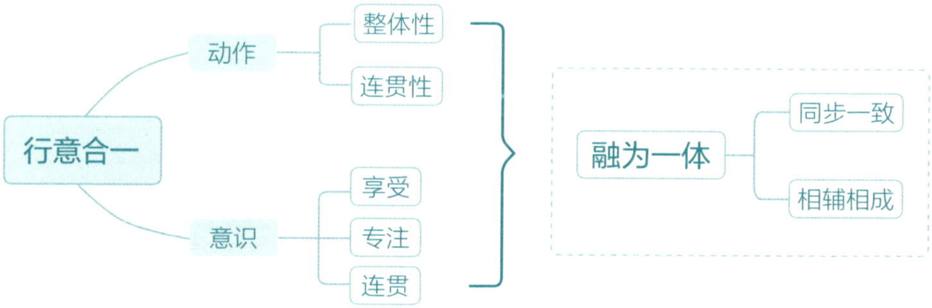

动作

■ 整体性

整体性，即利用全身相关肌群发力做功产生能量，以产生最大运动距离、速度、力量等运动效果（或尽可能利用全身各肌群吸收传递过来的能量转化为弹性势能以重复利用，既能节约体能，又能避免局部受力过大而受伤）。一般人在大多数运动中可以依靠本能做好，只需加强速度、力度等即可。

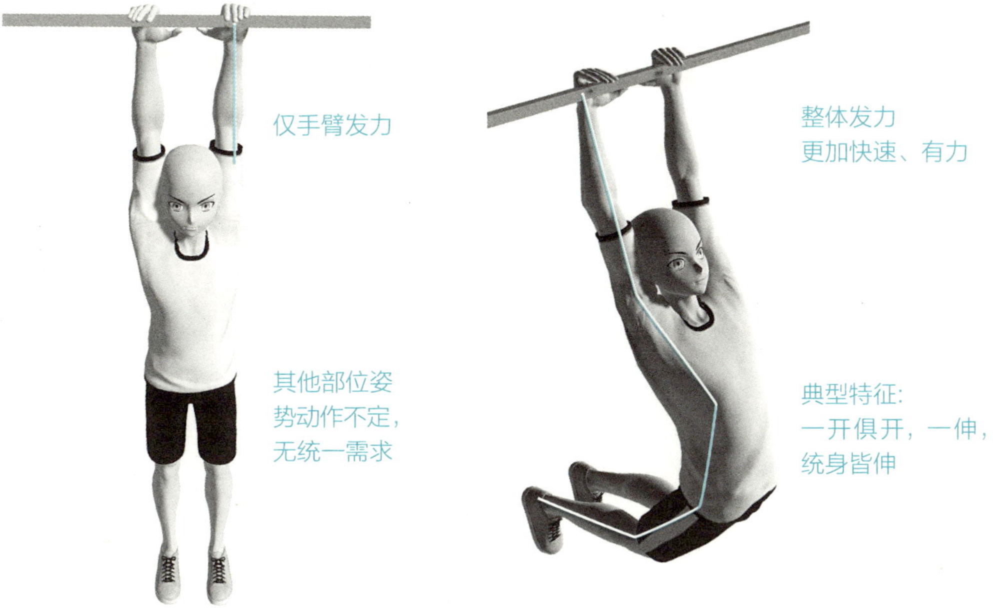

普通单杠引体向上与行意合一状态下的整体性示意

■ 连贯性

连贯性，就是能使各肌群产生的能量高效传递并利用好。

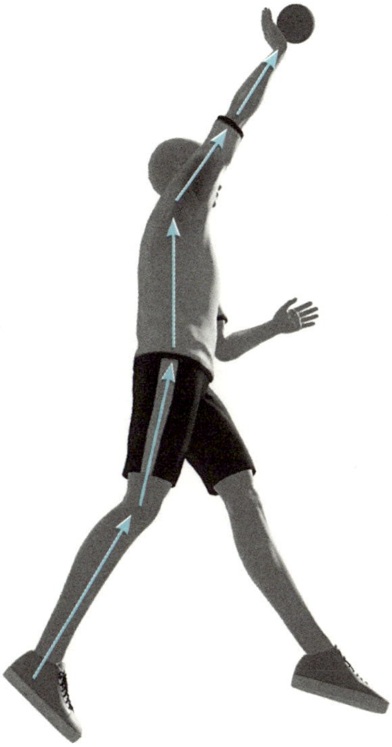

柔转刚阶段

各肌群产生的能量逐次传递到局部叠加起来，从而产生最大的速度或者力量等效果。

刚转柔阶段

局部的能量能迅速传递分散至全身各肌群存储起来，既能迅速化解局部所受的强大冲击力而不致受伤，又能实现能量的重复利用。

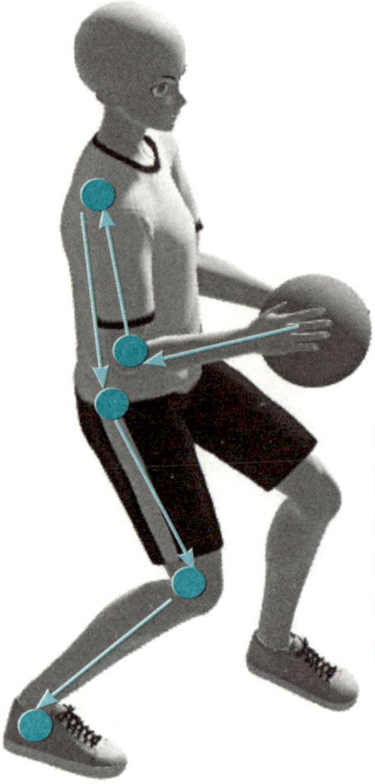

接篮球时，将其高速飞来的篮球动能迅速转化为肌肉和骨骼弹性势能存储起来

所谓刚柔，即节奏性运动中，最刚劲有力的瞬间为刚点，积累了最大弹性势能的瞬间为柔点，则整个运动就是在刚柔之间不断转换的过程，且刚柔能相辅相成，相得益彰。简而言之，节奏性运动中的紧松交替变化就是刚柔的交替变化。

意识

在意识方面，“心流”已经有了非常成熟的理论体系，本书直接引用（尽管传统武术也有类似的理论，但其精确性和科学性都偏差，实用价值远不及心流）。

意识包括享受、专注、连贯三个方面。

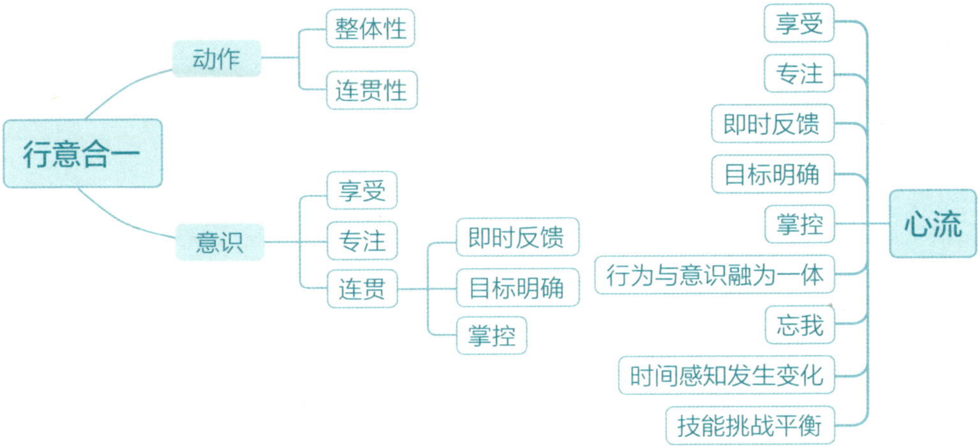

■ 享受

享受是指体验活动即动机本身，比如，之所以去跑步就是因为喜欢跑步，而非为了健康长寿或者减肥等其他原因。

■ 专注

专注即注意力高度集中，心无旁骛，全神贯注。

■ 连贯

连贯，其实就是对整个运动过程非常清晰，任何时候都非常清楚自己做了什么，下一步该怎么做，又能轻易掌控，所以，自然能非常连贯。

意识的连贯可以促使享受和专注连续下去。具体来说，连贯主要表现在以下三点。

1. 即时反馈：感受到活动的即时反馈，非常清楚自己做了什么，在做什么。
2. 目标明确：非常清楚每一步该怎么做，不需要慢慢思考。
3. 掌控：掌控着整个运动过程，不会患得患失，不用担心练不好或者练错了。

动作与意识融为一体

人在行意合一时，动作与意识是融为一体的，具有同步一致和相辅相成两个特征。

同步一致

动作和意识是同步的，不经思考也能完成，实际上已经形成了条件反射。就像自然行走时，无须意识引导，大腿便能带动小腿自然摆动。日常生活中，动作与意识常常是异步发生，一般是先有意识，后有动作，所想的未必能做到，譬如，年轻人常常有了起床上班的意识后，还迟迟不肯起床。如果不需要上班，一些年轻人甚至可以睡到中午。

相辅相成

动作的整体性、连贯性正好能促进意识的享受、专注和连贯；意识的享受、专注和连贯也有助动作的整体性和连贯性。动作与意识相互促进、相得益彰。

以行走为例

我都是走大步，尽量迈到最大幅度，感觉走起来就不想停下了，精神也会很好”，这就是动作对意识的促进作用。反之，如果产生了享受意识，那么，行走自然容易持续下来。

以跑步为例

跑步时“止不住飞奔”“有种停不下来的感觉”“越跑越精神”，这就是动作对意识的促进作用；反之，如果意识上很享受，那么，跑步运动自然易于坚持。

反之，心里想着跑步，期望能一路狂奔，腿却像灌了铅似的挪不动，这就不是相辅相成，而是相互掣肘了。

具体来说，动作与意识的相辅相成遵循如下规律。

1

动作的整体性与意识的专注相辅相成：动作的整体性（前提是体力体能允许）促进意识的专注，动作整体性越强，意识越容易专注；意识的专注有利动作的整体性，三心二意容易影响动作的整体性。

2

动作的连贯与意识的连贯相辅相成。

3

动作的整体连贯性与意识的享受相辅相成：动作的整体连贯性越强（前提是体力体能允许），精神越振奋，越容易产生享受意识；反之，意识享受了，也利于动作的整体连贯性。

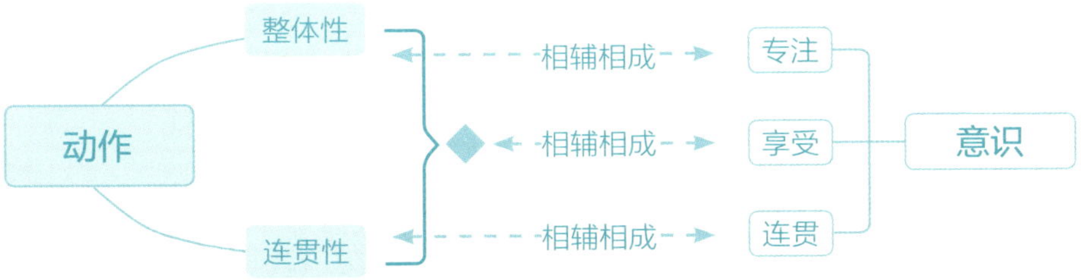

行意合一并非源自外在的标准，而是内在的一致性。

行意合一不是什么高深的理论，而是人类与生俱来的天性，只是很多人在不断地攀比、征服等过程中迷失了自己，越走越远，越发遥不可及。

事实上，只要我们留意羽毛球、爬山等各种资深运动爱好者（为了运动而运动，而非为了减肥、长寿或者其他动机而运动），就会发现，上述动作与意识的融合统一是普遍现象，“聆听”身体的声音，顺势为之，自然就会进入美妙的行意合一状态。

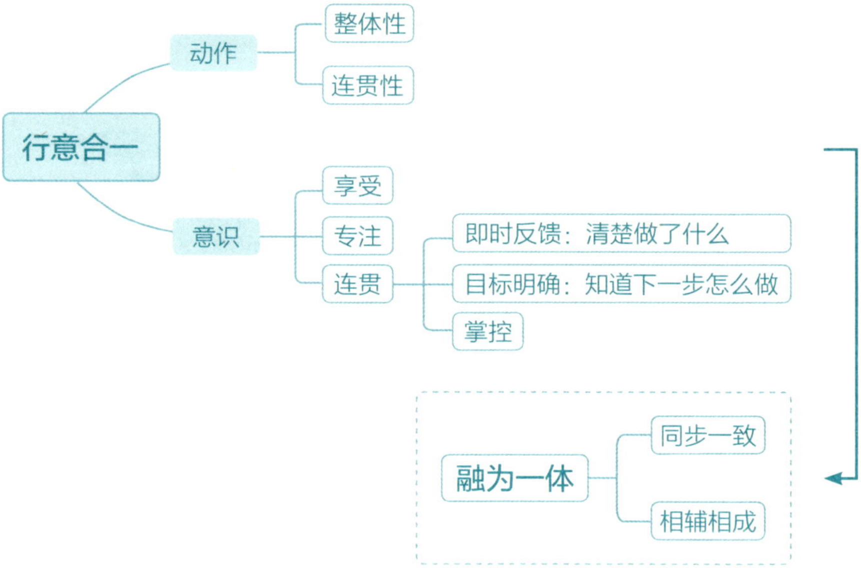

行意合一完整定义结构图

行意合一理论需要改进的地方

目前，行意合一面临的问题是，在动作与意识的相辅相成方面，需要进一步的实验论证。

动作的整体性和连贯性有利于意识的享受（前提是体力、体能达到），但研究有限（目前的研究很少，仅行走、舞蹈等），需要进一步论证。

理论上，动作的整体性越强，越能促进意识的专注，意识的专注也有利于动作的整体性；动作的连贯性与意识的连贯性也是相互促进的。受访的吴京、梁长兴、赵庆建等武术冠军也支持该理论，但要推而广之，需要进一步的广泛调研。

总的来说，行意合一理论宏观上是显而易见成立的，但要深入到各种实践活动细节中去，还需要进一步的研究和推进，有待武术界、科学界的进一步努力。

附录 2：武术冠军访谈录

在撰写本书过程中，访谈了部分武术冠军，现附上供读者参考。

本访谈录由吴彬安排，从远新记录。

吴京、梁长兴、赵庆建均是吴彬的学生。吴京为著名导演、演员，多次获得全国武术比赛枪术、对练冠军。梁长兴多次获得全国形意拳冠军。赵庆建获2007年第九届世界武术锦标赛刀棍总冠军、2008年北京奥运会武术男子刀术棍术全能比赛冠军。

吴京

吴彬老师教学特征优势

吴老师非常注重核心技能的强化训练，对基本功要求极高。

正踢腿、侧踢腿、弓步冲拳、马步冲拳等每天反复练习，让我们学会控制每一块肌肉，形成了牢固的肌肉记忆。核心技能形成后，就能达到练刀成刀、练枪成枪的地步，九节鞭呀、朴刀呀就是发力方式不同而已，不同的拳种、器械也就肌肉使用的侧重点不一样而已。

吴老师善因材施教，能根据我的特点，邀请不同风格的顶尖高手予以授课，做到兼收并包、博采众长，这很让我受益。

吴老师在看了我的通背拳练习后，请了专门的通背拳名师给我演示，这位老师站我前面，在肩膀几乎没动的情况下，右手从他前面向左绕过来打着我的面颊，让我充分体会到通背拳的放长击远的技术特征。

吴老师思维不固化，具有创新意识，如枪，我们都想着在如何练好拦、拿、扎、劈、蹦、穿、点时，他却在想着如何将传统大枪的技术吸纳过来，将传统武术嫁接到现代武术里面，毕竟，现代武术也是为了传统武术的继承和发展，我们不能因为觉得老的东西不好或者不实用就离弃，吴老师对传统武术的发扬是下了很多功夫的。

关于心流

（在前文曾介绍过，吴京在拍《太极宗师》时，一次深夜在大操场上独自练习太极拳，练完一套没有想又顺带开始了，一共练了三次。）

当时每一套练完收势后再重新开始我都是完全没有意识的，不知不觉就练下来了，这就是进入了心流状态。

如何才能产生心流？

首先必须招熟，形成肌肉记忆，每一招不用刻意去想，不用去回忆，能下意识完成时，才有可能产生心流。

招熟了，就能将意识集中在肢体的内在感知上，感受每一块肌肉，每一根筋，每一个细微动作的变化，不断地感知，细节就会变得越发清晰，慢慢地就能感知到贯穿动作变化的劲路上，心流就开始慢慢出现了。根据相应感知不断优化动作质量，使意识与动作行为更加和谐统一，意识就会集中在越发连贯、顺畅的贯穿全身的劲路上，心流就会越发明显和稳定。

总而言之，我自己感觉是，招熟后，意识集中到内在感受上，心流就慢慢开始，并趋于稳定。

另外，动作的整体性越强，越容易产生心流。整体性越强，参与的肌肉群越多，传回的感觉越丰富，量也越多，幸福感越强。

动作连贯性越强，越容易持续下去。因此，最好能在相对封闭的空间练习。否则，老爷爷写字，孙子不断去抢夺毛笔，是很难产生心流的，无法持续专注下去。

武术与人生

我认为练好武术可以达到一理通一百理融的效果。

首先，拳、枪等器械具有高度的相通性，这个我之前已经提过了，只要基本功扎实，不同的拳种、器械也就是发力方式、肌肉使用的侧重点不同而已。

我拍《战狼》时，要先进行军事训练，我对现代军事枪械上手就特别快，这跟练武时塑造出来的平衡能力、协调能力、肌肉控制能力等综合因素有着很大关系。

另外，我们公司有逻辑架构图，拍电影也有逻辑架构图，这和太极拳、八卦掌的逻辑架构图其实是一个道理。

梁长兴

吴彬老师教学特征优势

我个人认为，吴老最大的特点是兼收并蓄、因材施教。

吴老不仅自己教我，还会邀请国内各派名家前来指点。因此到了后来，我基本上对国内各派武术的特点成竹在胸，视野自然比一般人要高。再结合自己的风格勤加练习，多次夺冠就是水到渠成的事情了。

另外，吴老比较注重因材施教，针对不同学员的教学方案不尽相同，从而最大程度上发扬了学员的个性特长。

习武的快乐及形意拳的真谛

我最喜欢动作顺畅的感觉，而且，这也是练好武术的关键所在。我参加形意拳比赛多次夺冠，在第一次夺冠后，继续勤加练习，并拜访更多的名师，第二年参加比赛时更加成竹在胸，以为会稳操胜券，参赛时我特别注重发力，以期更上一层楼，再创辉煌，结果成绩反倒不佳。因为太重发力了，动作不够自然顺畅，反倒失去了形意拳真谛。

放松、顺畅是武学关键所在，你看拳王刘易斯，打拳时身体是非常放松的，所以，动作非常犀利明快。越放松，反倒越有力。我记得有个铅球运动员也有跟我类似的经历，第一次参赛夺冠后，第二次已经不再满足于夺冠了，而是期望打破世界纪录，特别地使劲，结果成绩反倒不及第一次比赛。

因此，对形意拳，我比较推崇郭云深先辈的体悟：

“练拳术者不可固执不通。若专以求力即被力拘。专以求气，即被气所拘。若专以求沉重，即被沉重所捆坠；若专以求轻浮，神气则被轻浮所散。所以然者，外之形式顺者，自有力；内里中和者自生气，神意归于丹田者自然重如泰山；将神气合一，化成虚空者，自然身轻如羽。故此不可专求。虽然求之有所得焉，亦是有若无，实若虚，忽忘忽助，不勉而中，不思而得，从容中道而已。”

练拳不可偏执，务求顺畅，循序渐进，自然可以达到武学先辈所推崇的“不思而得”的境界，使动作意识逐渐趋于和谐统一。

关于武术套路与拳击、大枪

其实，武术套路与拳击是不矛盾的，可以相得益彰，练习散打、拳击等可以更好地帮助体悟动作正确性。

20世纪80年代初，不论是社会上的呼声，还是我们上级领导的建议，都有这样一个精神，那就是专业练武术的队员在打套路比赛的同时必须要练散打而且还要每年参加全国的散打比赛！因此北京武术队紧追快上，我们请来著名轻量级国家拳击冠军王守晰先生助教3个月的拳击基础训练，那叫过瘾！

后来国家体委察觉到如果套路运动员的身体在散打中任何一部分有伤痛，就会直接影响套路比赛的成绩！因此取消武术队员必须同时参加散打比赛的规定！当时一副弃用的拳击手套我收藏起来了，却成了我五个外甥、侄子最喜欢的“玩具”，我妈妈要到处藏才行，不然小哥五个打得鼻青脸肿的。

如果不用担心冲击比赛成绩，武术套路习练者适当练习下拳击是有益的，而且也很有趣。

武术器械可以说是手臂的延伸，拳械是相通的。像我练的形意拳，就是“脱枪化拳”而成，理论源自大枪。拳、枪都重视三尖对照[①]，练好形意拳后再练大枪就容易得多，另外，练习大枪又能反过来促进拳术。比如，练习大枪更容易找到力达枪尖的感觉，根据这种感觉更容易把拳练对。

■ 大道归一

能把心里话讲出来的人才算是忠贞之士，我时常有一个难于言表的感触，那就是我总感到真正的武林绝技（拳术）不是已经消失了，而是千百年来传说演义中的那些出神入化的真正武功根本就没有过。如果把影视中李小龙与叶问的真实生平与武技看作是先前武林大师的真正模样，那我们可能就不必惦念那些已逝去的武林风采了。总之，现实是残酷的，回忆与愿望是美妙的。

其实，传统拳再受重视也已断代很多年了，口传心授的东西离本来面貌差距太大，不过，在民间把觉得有道理的东西凑在一起，去粗取精，去伪存真还是能看到或找到支离破碎、一星半点的好东西的。另外，武术意境很广很大很深，我认识的一些武学先辈基本上走遍了大江南北，走访了各种流派各个拳种发源地，做了大量的实地考察学习，对武术已有了非常精辟的认识，那就是万变不离其宗，到了终点全是一样的，所以在一个拳种里找不到的内容，或许在另一个拳种里能够找寻到。

从奥林匹克史来看，后人在“高、快、远”上要比前人“先进”得多，因为新的纪录总在慢慢地突破！当然，茶余饭后聊聊前人的绝技，并给自家的门宗贴贴金也无可厚非，但研究武艺理应言行一致，脚踏实地，实事求是。没亲身见过与体验过的应三思而行。

我个人的浅见是：中国武术的精华应关注在精气神、形意力以及身心灵和谐并健的修炼上。

---

① 三尖对照：大枪要求枪尖、鼻尖、脚尖在同一立面上。形意拳要求手尖、鼻尖、脚尖在同一立面上。

武术与普通竞技体育的差别

相较于其他竞技体育，武术不太注重超越，更强调自我的完善，重视精气神、形意力以及身心灵的和谐统一。因此，武术练到一定程度后，往往侧重于熟练性和稳定性。

从心理学上讲，动作熟练后，人会对时间、空间、力量等各个方面细节的感知变得非常清晰，细微的线索能指引局部动作综合成大的连锁动作，建立起内部指导程序，意识直接参与减少到最低限度，行为与意识趋于同步，动作及其体系“自动化”了，从而达到传统武术家所推崇的“身心合一”“人枪合一”境界。

从生理学上讲，练习的时间越长，动作就越熟练，能量在各环节之间的流转效率也越高，动作越发连贯顺畅，渐渐趋于最低能耗状态，动作质量越发稳定。熟练后，不同肢体间动作往往能以优美的连锁反应方式实现，也就是传统武术所强调的“节节贯穿，势势相承”“遍体气（能量流）流行，一定继续不能停”“神气贯穿，绝不间断”。所谓的内气、内劲其实就是动作熟练后，能量流在体内的高效流转。

高质量的熟练性和稳定性是我那时在北京武术队蝉联十次团体冠军的一个重要因素，在比赛选手实力相当、风格各异以至于裁判难以评判的情况下，谁的套路动作稳定性高，谁就得利。

赵庆建

吴彬老师教学特征优势

如果仅教出一两个冠军，或许是运气使然，如果能教出一大批冠军，而且，这些冠军遍布世界各地各行各业，不仅武术很出色，其他业务都很扎实，那必有过人之处。

我个人认为吴老教学的最大优点是视野开阔、因材施教，至少，这最让我受益。

我是吴老的最后一届弟子，刚进武术队时，可能因为是新人的缘故吧，吴老对我特别关照。他那时是总教练，相对自由，常常会花费半天时间专门观察我训练，然后做出针对性指导。这是我最佩服吴老的一点，善因材施教，故总能确保学员不断进步。

吴老视野开阔，教学风格不拘一格，不会局限于武术动作本身，他会通过篮球等其他项目对我进行启发教育，这让我很受益。

总而言之，他总能找到方法，让你不断进步，让人不得不信服。

武学相通性

不同武术拳种之间具有很大的相通性，练武具有一通俱通的效果。

运动相通是普遍的规律，练过武术的人在这方面优势特别明显。一个重要的原因就是练武更重视腰、腹、肩、胯等大肌群的协调训练，故而，有过武术功底的人学篮球、羽毛球等远比一般人上手快。特别是需要腰、胯协调全身发力时，有武术功底的人更容易做好。

快乐及精髓

“顺”是练好武术的关键所在，而且，我觉得练拳最大的快乐就是一个字——顺。

一旦动作顺畅，就会很舒服，很愉快，不由自主地进行下去，别人看着也舒服。如果动作不顺，会感到别扭、难受，而且也不好看。

当然，舞蹈等其他运动也注重顺，但更多地偏向小肌群的运动，而武术则是包括了腰、腹、肩、胯等大肌群的全身性的运动，强调“一动无有不动”，更加通透、酣畅。

努力将动作练顺，可以带来无穷的快乐，有时走在路上，我都会情不自禁比画比画，力求更加顺畅。记得有一年过年，本来想上午练一会儿，结果，练着练着就停不下来了，从上午练到下午，从下午练到晚上，我们全队都是如此，不为别的，就是想练得更好、更顺，这就是武术的魅力所在，远比看电影、电视等其他娱乐更令人陶醉。

动作顺畅了，自然会逐渐达到物我两忘的愉悦状态，意识与行为高度融合，不知觉间，一系列动作便一气呵成，非常过瘾。

总之，注意动作顺畅，自然会练得越来越好，而且动作越顺，练习者越发快乐，别人看着也越发舒服，这就是武术。

练武的好处

相较于现代竞技体育运动强调的超越，武术更重视技能的完善，重视动作与意识达到和谐统一，是可持续性的，可以练到老，一辈子受益。

比如，一位80多岁的武术高手可能每次只有1分钟的体能，但是，在这1分钟内，他能完胜一个20多岁的小伙子。只要休养好，他就能负重，走路被磕碰也能不摔跤，不输普通小伙子。

参考文献

1 Mihaly Csikszentmihalyi. Beyond boredom and anxiety; Experiencing Flow in Work and Play. Jossey-Bass.2000.

2 米哈里·契克森米哈赖．心流：最优体验心理学．中信出版社，2018.

3 米哈里·希斯赞特米哈伊．创造力 心流与创新心理学．浙江人民出版社．2015.

4 戴维·迈尔斯．社会心理学（第11版）．人民邮电出版社．2016

5 泰勒·本-沙哈尔．幸福的方法．中信出版社．2013.

6 国际皮埃尔·德·顾拜旦委员会．奥林匹克主义顾拜旦文选．人民体育．2008.8.1.

7 戚继光．练兵实纪．中华书局．2001.

8 戚继光．纪效新书．中华书局．1996.

9 马虹．陈式太极拳拳理阐微．北京体育大学出版社．2001.

10 徐震．徐震佚文集．山西科学技术出版社．2006.

11 徐震．太极拳谱理董辨伪合编．山西科学技术出版社．2006.

12 徐震．苌乃周武术学．山西科学技术出版社．2006.

13 徐震．太极拳考信录．山西科学技术出版社．2006.

14 孙禄堂，孙剑云．孙禄堂武学录．人民体育出版社．2001.

15 江百龙，林鑫海．明清武术古籍拳学论析．人民体育出版社．2008.

16 任鸿．手臂录·无隐录释义：明代枪法短兵解密．山西科学技术出版社．2016.

17 高壮飞，若水．千思百问太极拳．中国海南出版社．2005.

18 顾留馨沈家桢．陈式太极拳．人民体育出版社．2006.

19 扎齐奥尔斯基．运动生物力学：运动成绩的提高与运动损伤的预防．人民体育出版社．2004.

20 全国体育学院教材委员会．运动生物力学．人民体育出版社．2000. 重印

21 王琳，牟少华 竞走运动及竞走运动员训练．民族出版社 2005.

22 菲利普·E·罗斯．天才思维解密．环球科学．2006.

图书在版编目（CIP）数据

行意合一让运动更快乐 / 吴彬，丛远新，吕韶钧编著．
—北京：中国轻工业出版社，2020.9
ISBN 978-7-5184-2898-4

Ⅰ．①行… Ⅱ．①吴… ②丛… ③吕… Ⅲ．①健身运动—基本知识 Ⅳ．① G883

中国版本图书馆 CIP 数据核字（2020）第 025688 号

责任编辑：翟　燕　　责任终审：劳国强　　整体设计：锋尚设计
策划编辑：翟　燕　　责任校对：晋　洁　　责任监印：张京华

出版发行：中国轻工业出版社（北京东长安街6号，邮编：100740）
印　　刷：艺堂印刷（天津）有限公司
经　　销：各地新华书店
版　　次：2020年9月第1版第1次印刷
开　　本：720×1000　1/16　印张：11
字　　数：200千字
书　　号：ISBN 978-7-5184-2898-4　定价：48.00元
邮购电话：010-65241695
发行电话：010-85119835　传真：85113293
网　　址：http://www.chlip.com.cn
Email：club@chlip.com.cn
如发现图书残缺请与我社邮购联系调换
181372S2X101ZBW